www.tredition.de

AF158766

Mike Fischer

# Umdenkfabrik

Wie Sie den Goldschatz der
„Mitarbeiterideen" bergen

www.tredition.de

© 2020 Mike Fischer

Verlag & Druck: tredition GmbH, Halenreie 40-44, 22359 Hamburg

ISBN
Paperback: 978-3-347-07626-6
Hardcover: 978-3-347-07627-3
e-Book: 978-3-347-07628-0

Das Werk, einschließlich seiner Teile, ist urheberrechtlich geschützt. Jede Verwertung ist ohne Zustimmung des Verlages und des Autors unzulässig. Dies gilt insbesondere für die elektronische oder sonstige Vervielfältigung, Übersetzung, Verbreitung und öffentliche Zugänglichmachung.

# Inhalt

I Vorwort ........................................................................................... 7

II Einleitung ...................................................................................... 9

1. Stille Reserven: Ideen sind der Rohstoff des Erfolgs ....... 14
   1.1 Die Summe macht's: Ein Raum voller Ideen ..................... 14
   1.2 Bitterer Befund: Ideengräber statt Ideenfabriken ............ 16
   1.3 Alles Gute kommt von oben? Stimmt nicht! ..................... 19
   1.4 Kreativität wecken: Starke Ideen aus den eigenen Reihen ....... 21

2. Den Goldschatz bergen .......................................................... 24
   2.1 Das Schicksal des roten Ordners: So klappt es nicht ........ 24
   2.2 Ideen-Power-DNA: Fünf Prinzipien für Kreativität .......... 31
   2.3 Spielregeln für den Wach-Bleib-Prozess ............................ 34
   2.4 Vertrauen zahlt sich aus ........................................................ 38

3. Die Umdenkfabrik: Motor des Ideenstroms ..................... 41
   3.1 Eine Plattform für alle Fälle ................................................. 41
   3.2 Platz für gute Vorschläge: der Ideentisch .......................... 43
   3.3 Maßarbeit: Die Umdenkfabrik in Ihrem Unternehmen ....... 48
   3.4 Was die Umdenkfabrik (noch) alles kann .......................... 52

4. Erfolgreich umgedacht: Die Früchte der Ideenkultur ..... 58
   4.1 Vier von vielen: Verdammt gute Ideen .............................. 58
   4.2 Mitarbeiter? Mitgestalter! ..................................................... 62
   4.3 Wissenschaftlich bestätigt: TOP-Entwicklungen .............. 66
   4.4 Wo wir stehen? Wir bewegen uns ....................................... 69

5. Danksagung .............................................................................. 71

Anhang

6. Steckbriefe unserer Mitarbeiterideen .................................. 73

7. Der Werkzeugkasten für Ihre Umdenkfabrik ................... 91

# I Vorwort

Willkommen an Bord. Ich hoffe, Sie sitzen bequem und sind bereit, sich inspirieren zu lassen. Denn dieses Buch ist eine Einladung, sich auf eine außergewöhnliche Reise zu begeben. Wenn Sie möchten, können in Ihrem Unternehmen Dinge geschehen, die Sie bislang nicht für möglich gehalten haben.

Im Kern geht es darum, Ihr Unternehmen besser zu machen. Denn ob Fahrschule, Baufirma, Gastronomiebetrieb oder Gesundheitsdienstleister: Es gibt keinen Betrieb, der nicht noch Luft nach oben hat. Und wir alle wissen, dass wir angesichts der permanenten Veränderungen auf den Märkten, den technologischen Entwicklungen und immer neuen Herausforderungen allesamt besser werden müssen, ganz gleich, wie groß unser Unternehmen ist und in welcher Branche wir tätig sind. Sich nicht zu verändern, bedeutet stillzustehen – und Stillstand bedeutet Rückschritt. Man kann es auch auf diese Formel bringen: **Innovation ist keine Garantie für Erfolg. Aber ohne Innnovation ist Erfolglosigkeit garantiert.**

Besser zu werden bedeutet, sich zu verändern, Gewohntes aufzugeben und Neues zu wagen. Das aber ist oft leichter gesagt als getan: Was genau lässt sich wie verändern, welche Gewohnheit soll man sich abgewöhnen und woher kann das Neue denn kommen? Wir alle stecken so sehr in Routinen und gewohnten Mustern, dass wir die Fülle an Chancen gar nicht sehen. Wir alle leiden in diesem Sinne zumindest ab und an unter Betriebsblindheit. Wirklich ernst wird es, wenn diese chronisch geworden ist. Dann sollten alle Alarmglocken schrillen.

Die gute Nachricht dieses Buches lautet: Die Ideen für Innovationen sind gar nicht weit weg, die meisten sind sogar schon bei Ihnen im Unternehmen. Sie sind nur noch nicht formuliert, gehört oder gar im Prozess der Umsetzung. Sie sind nicht sichtbar. Vielmehr schlummern sie unbemerkt und ungenutzt im Verborgenen. Was nur darauf wartet, geborgen zu werden, ist ein wahrer Goldschatz: die kreativen Potenziale Ihrer Mitarbeiterinnen und Mitarbeiter. Diese haben nicht nur ein enormes Wissen über das, was in Ihrem Unternehmen gut läuft, sondern auch darüber, wo es hakt. Und nicht nur das: In Ihren Teams gibt es einen großen Ideen- und Einfallsreichtum, was sich wie verbessern lässt.

Wie aber können Sie an diesen Schatz herankommen? Wenn Sie glauben, es würde reichen, in den nächsten Tagen einfach mal den einen oder anderen Mitarbeitenden bzw. die ein oder andere Mitarbeitende zu fragen, welche Ideen für Innovationen er oder sie denn hat, dann – das garantiere ich Ihnen – wird das nichts bringen. In Kapitel 1 dieses Buches können Sie nachlesen, wie ich es einst genau auf diese Weise versucht habe und grandios gescheitert bin. Nein, ein bisschen komplizierter ist es schon. Das sollte uns aber weder abschrecken noch verwundern, schließlich wissen wir aus unzähligen Geschichten, dass es Mut und Ausdauer braucht, einen Goldschatz zu finden und zu bergen.

Bevor Sie die Mission angehen, möchte ich Ihnen drei entscheidende Fragen stellen.

- Haben Sie tief in Ihrem Herzen Vertrauen?
- Sind Sie bereit „loszulassen", damit Ihre Mitarbeiterinnen und Mitarbeiter sich frei entfalten können?
- Sind Sie bereit, als Chef/in ein Vorbild zu sein, mit eigenen Ideen voranzugehen und sich auch selbst um deren Umsetzung zu kümmern?

Wenn Sie dreimal „Ja" gedacht oder gesagt haben, dann herzlichen Glückwunsch – und Respekt! Hätte man mir vor 20 Jahren diese Fragen gestellt, ich bin mir nicht sicher, ob ich sie ohne Weiteres positiv beantwortet hätte. Aber seither ist bei mir viel passiert.

# II Einleitung

Anfang des Jahrtausends waren wir, die Fischer Academy, eine Fahrschule wie Dutzende andere bei uns in und um Gera. Und wie alle steuerten wir – der demografische Wandel und die Abwanderung aus Ostdeutschland ließen grüßen – auf eine existenzbedrohende Krise zu. Doch es ist uns gelungen, das Steuer herumzureißen. Nach und nach haben wir die Fischer Academy von einer 08/15-Fahrschule zu einem in Deutschland einzigartigen Fahrschulzentrum gemacht – dem „FischerDorf". Das heißt, die Fischer Academy hat aus ihrer einfachen Fahrschule einen dorfähnlichen, gemeinschaftlichen Ort geschaffen, mit Herberge, Pizzeria, Lern- und Begegnungsstätte, mit Videotrainings, Fahrsimulatoren, einem zukunftsorientieren Kompetenzzentrum für Autonomes Fahren und vielem mehr. Wir stehen glänzend da, weil wir den Motor angeworfen haben und bereit waren, uns weiterzuentwickeln. Und auf dieser Innovationsreise sind wir bis heute nicht wieder runter vom Gas gegangen.

Das bestätigen uns auch andere. Die Fischer Academy GmbH ist in den vergangenen Jahren zweimal als eines der innovativsten mittelständischen Unternehmen Deutschlands mit dem TOP 100-Qualitätssiegel ausgezeichnet worden. In der Fortschrittsbilanz 2018 heißt es: „Der Innovationsquotient der Fischer Academy GmbH ist außerordentlich hoch und weist auf einen weit überdurchschnittlich hohen Professionalisierungsgrad des Innovationsmanagements hin. Die Fischer Academy GmbH verfügt über Strukturen, die weit innovationsorientierter sind als es von einem normalen Unternehmen vergleichbarer Größe und Branche erwartbar wäre."

Nun könnte ich mich hinstellen und behaupten, dass all das mein Werk ist. Der Punkt ist aber: Der Erfolg von dem, was wir heute sind und wie wir es sind, kommt nicht daher, dass ich als Chef auf alle Fragen die richtigen Antworten und unendlich viele tolle Ideen hatte. Man könnte sogar fast umgekehrt sagen: Im Grunde habe ich nur eine wegweisende Entscheidung getroffen, die dann alles andere nach sich gezogen hat. Diese Entscheidung lautete: **Ich vertraue meinen Mitarbeiterinnen und Mitarbeitern** und beziehe sie ohne Ausnahme aktiv in die Weiterentwicklung des Unternehmens ein.

Möglich wurde das, weil ich mein Selbstverständnis als Unternehmer vollständig umgekrempelt habe. In den beiden Büchern „Erfolg hat, wer Regeln bricht" (2014) und „Erfolg hat, wer mit Liebe führt" (2019) schildere ich ausführlich, wie es dazu gekommen ist und was wir alles verändert haben. Als leidenschaftlicher Unternehmer setze ich konsequent auf eine moderne Wir-Kultur. Ich bin bereit, Hierarchien zu reduzieren. Anders als früher, lasse ich meine Mitarbeiterinnen und Mitarbeiter viele Entscheidungen selbst treffen, während ich mich vor allem darum kümmere, dass jeder seine Potenziale entfalten kann. So fordere und fördere ich sie, von ausführenden Arbeiterinnen und Arbeitern zu kreativen Mitgestaltern zu werden. Was ich dafür bekomme sind Loyalität, Einsatz und einen unendlich wertvollen Schatz an Anregungen und Verbesserungsvorschlägen.

Ohne Zweifel ist es uns gelungen, eine von allen getragene Ideenkultur zu entwickeln, die einen kontinuierlichen Strom an Ideen anregt. Manche sind klein und schnell umsetzbar, andere brauchen mehr Zeit. Manche haben nur ein Einrichtungsdetail in unserem Internat verändert, andere haben Arbeitsprozesse vereinfacht, Kosten gesenkt oder für positive Stimmung im Team gesorgt. Und dann sind da die Ideen, die anfangs ganz unscheinbar dahergekommen sind, letztlich aber wie Türöffner für grundlegende Veränderungen gewirkt haben. Wenn heute zum Beispiel YouTube-Stars mit Millionen Followern anfragen, ob Sie bei uns den Führerschein machen dürfen, dann ist das nichts, was sich einer von uns einmal so ausgedacht und geplant hat. Vielmehr ist es Folge einer Kaskade von Einfällen und Ereignissen. Nach und nach ist hat eine Idee die nächste ausgelöst – mit dem Ergebnis, dass diese YouTube-Stars heute im Netz von sich aus ganz nahe an der Zielgruppe auf die Fischer Academy in Gera aufmerksam machen. Uns kostet dieses perfekte Marketing keinen Cent.

Im Jahr 2019 lag die Ideenproduktion bei uns mit zehn Ideen pro Mitarbeitenden meilenweit über dem Durchschnitt deutscher Dienstleistungsunternehmen. Auch die Umsetzungsquote von 84 Prozent ist sensationell. Und Sie können mir glauben: Von den meisten Ideen erfahre ich erst dann, wenn sie bereits umgesetzt sind. Ideen sind bei uns keine Vorschläge, sondern konkrete Vorhaben. Vor allem bin ich als Chef nicht das Nadelöhr, durch das jede Veränderung hindurch muss. Und damit zurück zu den Fragen, die ich oben gestellt habe – ob Sie vertrauen und loslassen können. **Denn sich auf eine Innovationsreise zu begeben, wie wir es gemacht haben, verlangt der Führungsspitze genau das ab: Kontrolle auf- und abzugeben.** Gerade zu Anfang ist das gar nicht immer leicht. Aber meine Erfahrung hat mich gelehrt, dass es funktioniert und sich auszahlt. Und die Alternative besteht darin, weiterhin auf alles immer selbst Antworten finden zu müssen. Überlegen Sie sich also gut, welchen Weg Sie einschlagen wollen.

Die Bereitschaft, sowohl Neuland zu betreten als auch ein vertrauensvolles Miteinander wagen zu wollen, sind notwendige Voraussetzungen für eine aktive und lebendige Ideenkultur. Jedoch lässt sich ein beständiger Strom an mutigen Vorschlägen nicht allein damit entfachen. Es hängt eben leider nicht nur vom guten Willen ab. Ein entscheidendes Element fehlt: **Für ein dauerhaft sprudelndes Ideenmanagement braucht es eine unterstützende Struktur, die das ganze Vorhaben wie eine Brücke trägt.** Diese Struktur muss vieles gleichzeitig leisten: Sie muss inspirieren und strukturieren, motivieren und sanften Druck ausüben, Transparenz schaffen und Überblick vermitteln, erinnern und dokumentieren. Und dabei muss sie vor allem eines sein: einfach. Das klingt banal, ist es aber nicht. Denn Bürokratie ist der Tod jeder Kreativität. Wenn Sie keinen Weg finden, das Ideenmanagement so unbürokratisch wie möglich zu gestalten, wird es scheitern. Wo aber findet man ein solch einfaches, zu uns passendes System? Wir haben auf dem Markt nichts entdeckt, was uns überzeugt hat. Deshalb haben wir – auch das war anfangs nur eine Idee – selbst eine IT-Anwendung entwickelt, mit der wir bestens fahren. Wir haben ihr den vielsagenden Namen „Umdenkfabrik" gegeben.

Die Umdenkfabrik ist eine überschaubare und gerade deshalb ungemein wirksame IT-Lösung, die speziell für den Bedarf in kleinen und mittleren

Unternehmen gemacht ist. Ziel der interaktiven Plattform ist es, der Innovationsentwicklung dauerhaft Schubkraft zu verleihen. Deswegen ist ihr Herzstück auch der Ideentisch, ein Tool, das eine lebendige Ideenkultur im Unternehmen völlig unbürokratisch organisiert, fördert und inspiriert. Mehr dazu werden Sie in diesem Buch erfahren, aber seien Sie gewiss: Die Umdenkfabrik ist in der Lage, wie eine Pumpe den in der Tiefe Ihres Unternehmens schlummernden Ideenreichtum hervorzuholen. Gleichzeitig sorgt sie dafür, dass alle in ihrem Arbeitsbereich mit offenen Augen und wachem Blick nach weiteren Verbesserungsmöglichkeiten suchen. Man kann es so sagen: **Indem die Umdenkfabrik dazu motiviert, Gewohnheiten zu hinterfragen, wirkt sie wie Augentropfen gegen Betriebsblindheit.**

Gute Ideen machen ein Unternehmen aus betriebswirtschaftlicher Sicht besser. Doch das ist noch nicht alles. Mir geht es mit meinem Plädoyer für Kreativität keineswegs nur um Kostensenkung, Effizienzsteigerung, Prozessoptimierung, bessere Produkte und neue Marktsegmente. Letztendlich möchte ich zu einer sinnhafteren und glücklicheren Arbeitswelt beitragen. Der Punkt ist ganz einfach: Fühlen Mitarbeiterinnen und Mitarbeiter sich wertgeschätzt und dürfen sie das Unternehmen kreativ mitgestalten – ein Grundprinzip unserer Ideenkultur –, macht sie das nicht nur produktiver, sondern auch zufriedener und glücklicher. Kaum einer kommt doch abends nach Hause und erzählt stolz, dass heute alles wie immer gewesen ist. Wenn man allerdings erzählen kann, dass man heute eine eigene Idee umgesetzt hat, sieht das schon anders aus. Es klopft sich auch niemand selbst dafür auf die Schulter, eine Aufgabe zum 300. Mal auf exakt die gleiche Weise erledigt zu haben. Aber wenn man beim 301. Mal etwas verändert hat und merkt, dass es so noch besser funktioniert, dann ist das eine erfüllende Erfahrung. Und wenn die Chefin oder der Chef sowie die Kolleginnen und Kollegen diese Innovation auch noch wahrnehmen und als positiven Beitrag anerkennen, dann sind wir auf einem wirklich guten Weg zu einer auch menschlich besseren Arbeitswelt. Genau in diesem Spirit ist dieses Buch entstanden. Getragen wird es von der Hoffnung, andere Unternehmen ermutigen zu können, Neues zu wagen und umzudenken. Die Umdenkfabrik kann Ihnen dabei helfen. Entscheidend aber ist die Einstellung. Denn Innovation beginnt im Kopf. Und jeder Technik geht eine gute Idee voraus.

Sind Sie angeschnallt und bereit? Dann kann die Reise beginnen.

# 1. Stille Reserven: Ideen sind der Rohstoff des Erfolgs

## 1.1 Die Summe macht's: Ein Raum voller Ideen

Vor ein paar Wochen war ein Journalist zu Besuch bei uns im FischerDorf. Er ist gekommen, um aus erster Hand mehr über unsere Ideenkultur zu erfahren und darüber zu schreiben. Wir sitzen also in der Cafeteria unseres Fahrschulinternats, trinken Cappuccino und futtern von den wunderbaren Plätzchen unseres „Frühstücksengels" Elke, als er mich bittet, ihm Beispiele für umgesetzte Ideen von Mitarbeiterinnen und Mitarbeitern zu nennen. Während ich kurz überlege, wo ich anfangen soll, wandert mein Blick im Raum umher. Über der Eingangstür hängt für alle sichtbar ein Zähler, der automatisch umspringt, wenn unsere Facebook-Seite einen neuen Like erhält. Eine Idee! In einem Durchgang steht eine, in unserem knalligen Firmenrot lackierte, Schaufensterpuppe, wie sie auf dem gesamten Gelände verteilt zu einem Markenzeichen von uns geworden ist. Eine Idee! An einem Tisch ist eine mobile Gangschaltung festgeschraubt, mit der unsere Fahrschülerinnen und -schüler auch ganz nebenbei entspannt das Schalten üben können. Eine Idee! Hinter dem Tresen glänzt eine Popcornmaschine, eine bei den Fahrschülerinnen und Fahrschülern unglaublich beliebte Anschaffung. Eine Idee! Von meinem Platz aus kann ich auch die im Innenhof mit andersfarbigen Pflastersteinen angelegte Kreuzung sehen. Hier üben unsere Schülerinnen und Schüler die Vorfahrtsregeln auch mal praktisch auf Bobby Cars. Eine Idee! Apropos spielerisch lernen: Mein Blick fällt auf die Grillfeuertonne, um die herum im Sommer „Theorieunterricht mal anders" stattfindet. Auch das: eine umgesetzte Idee! Bei jedem Beispiel erwähne ich, von wem der Impuls stammt. Als ich dem Journalisten gerade die Deutschlandkarte erklären will, auf der unsere Fahrschülerinnen und -schüler mit Stecknadeln ihr Zuhause markiert haben, bittet er mich aufzuhören – er habe nun wirklich genug Material. Dabei bin ich noch gar nicht fertig und habe nur Beispiele genannt, die in meinem unmittelbaren Blickfeld liegen. Keine einzige Idee davon stammt übrigens von mir.

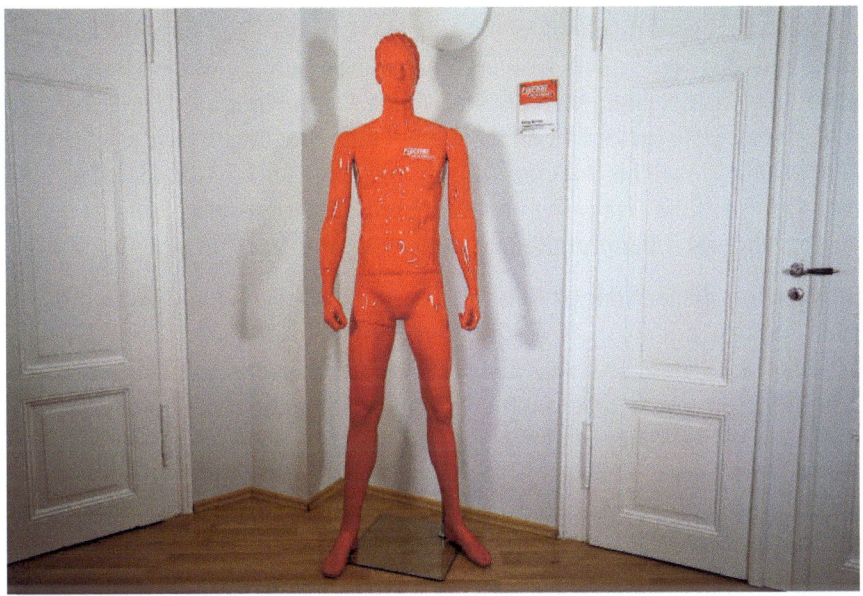

Nun könnte man einwenden, dass das zwar nette kleine Ideen sind, aber eben auch nicht mehr, und von betriebswirtschaftlicher Bedeutung könnten sie nicht wirklich sein. Doch das wäre ein gewaltiger Irrtum. Denn genau solche Kleinigkeiten machen den Unterschied. Hierzu muss man wissen, wie unser Geschäft funktioniert. Unser „Markt" als Fahrschule ist natürlich auf die Menschen begrenzt, die in Deutschland den Führerschein machen wollen. Unser Ziel muss es also sein, möglichst viele von diesen zu uns nach Gera zu holen – und dank unseres einzigartigen Angebots einer Intensivausbildung im Fahrschulinternat ist unser Einzugskreis tatsächlich das gesamte Bundesgebiet. Womit sonst kann man punkten? Niemand kommt nach Gera, weil eine bei uns bestandene Prüfung zu einem besonders schönen, attraktiven oder besseren Führerschein führt. Das Produkt, um das es am Ende geht – der „Lappen" –, ist in jeder Fahrschule gleich. Positiv abheben können wir uns also nur durch den Weg, der dort hinführt, durch die Art der Betreuung sowie die Erfahrung während des Trainings. Wenn sich die Fahrschülerinnen und -schüler bei uns gut ausgebildet, behandelt und betreut fühlen, wenn sie also eine gute Zeit hatten, dann erzählen sie das weiter; wie früher von Mund zu Mund und heute natürlich auch über die sozialen Medien. Deswegen legen wir so großen Wert darauf, dass wir sie in der Zeit, in der sie bei uns sind, begeistern. Und genau hierfür sind die vielen „kleinen" netten Beispiele entscheidend. Jedes einzelne zahlt auf die Erfahrung und damit auf die Bereitschaft unserer Schüler ein, uns weiterzuempfehlen. Glauben Sie mir: Das Konzept geht auf.

Was ich mit dieser kleinen Episode aber eigentlich zeigen will: Überall in der Fischer Academy in ihrer heutigen Form stecken Ideen von Mitarbeiterinnen und Mitarbeitern. Manche sind sichtbar wie die rot lackierten Schaufensterpuppen oder auch tollen Marketingaktionen. Die meisten der unzähligen kleinen Verbesserungen hingegen fallen kaum auf, wirken aber im Unsichtbaren – sei es, dass sie die Dateneingabe in der Verwaltung beschleunigt, Kosten in der Wartung unserer Fahrzeuge gesenkt oder die Effizienz unserer Meetings gesteigert haben. Und die Dynamik hört nicht auf, **Jahr für Jahr kommen Hunderte kleine Schritte dazu. In der Summe sorgen sie dafür, dass wir eine unglaublich lange Strecke auf der Erfolgsspur zurückgelegt haben.** Und weil das so weitergehen soll, bleiben wir innovationshungrig.

## 1.2 Bitterer Befund: Ideengräber statt Ideenfabriken

Ich bin felsenfest davon überzeugt, dass die geistige Bereitschaft für Veränderung über Erfolg oder Misserfolg eines Unternehmens entscheidet. Das klingt gar nicht so spektakulär und wahrscheinlich würden Sie dem zustimmen. Nur: Wenn das wahr ist, muss man sich ernsthafte Sorgen um unseren Wirtschaftsstandort machen. Denn eben dieser Geist scheint in der deutschen Unternehmenslandschaft nicht sehr weit verbreitet zu sein.

2017 brachte eine Studie von Kienbaum und StepStone[1] Erschreckendes zu Tage: Nur drei von 100 Unternehmen in Deutschland verfügen über ein modernes und agiles Ideenmanagement. Gleichzeitig bemängeln viele Arbeitnehmende, dass sie die eigene Kreativität nicht zur Entfaltung bringen können. So hat fast jede fünfte Fachkraft das Gefühl, dass ihre Ideen im Unternehmen ausdrücklich <u>nicht</u> erwünscht sind. Und fast jede zweite gibt an, den Arbeitgeber gewechselt zu haben aus Unzufriedenheit darüber, wie Entscheidungen getroffen werden und mit neuen Ideen umgegangen wird. „In der Fläche scheint es an einem systematischen Prozess zur Verwertung von Ideen zu fehlen. Im Ergebnis heißt das: In vielen Unternehmen mangelt es an Innovationen – gerade angesichts immer kürzerer, teils disruptiver Innovationszyklen eine bedenkliche Diagnose", urteilt Sebastian Dettmers, Geschäftsführer bei StepStone. Die Studie entdeckte noch einen interessanten Zusammenhang: „Unternehmen, in denen die Hierarchien flach sind und die eine Führungskultur leben, in der die Führungskraft Mitarbeiter inspiriert, motiviert, intellektuell anregt und individuell fördert, sorgen für mehr Innovationen." Aha. Leider ist, auch das stellt die Studie fest, der Löwenanteil der deutschen Unternehmen nach wie vor streng hierarchisch organisiert.

Ein Jahr später kam eine andere Studie[2] zu einem ähnlich dramatischen Befund: Ihr zufolge erhalten Dienstleistungsunternehmen im Durchschnitt 0,3 **Ideen pro Mitarbeiterin bzw. Mitarbeiter. Nicht pro Monat, sondern pro Jahr!** Und dieser Wert trügt noch, weil er von den wenigen Unternehmen nach oben gezogen wird, die ein exzellentes Ideenmanagement aufgebaut haben. Schaut man sich also statt des Durchschnittswerts den

---

[1] StepStone/Kienbaum: „Organigramm deutscher Unternehmen: In welchen Strukturen Fachkräfte künftig arbeiten wollen", 2017, https://www.kienbaum.com/de/blog/unternehmensorganisation-wie-fuehrungskraefte-die-neue-arbeitswelt-erfolgreich-gestalten-koennen

[2] https://refa.de/blog-industrial-engineering/408-ideenmanagement-in-der-praxis

Medianwert an, zeigt sich: In der großen Masse der Dienstleistungsunternehmen bringt eine Mitarbeiterin bzw. ein Mitarbeiter im Jahr 0,07 Ideen ein. Anders ausgedrückt: Jede(r) einzelne Mitarbeiter(in) braucht 14 Jahre, um seinem/ihrem Vorgesetzten einen Vorschlag für eine Verbesserung zu machen.

Bei Produktionsunternehmen sehen die Werte zwar ein bisschen besser aus, aber eben auch noch lange nicht gut. Was ist da bloß los? Wenn wir, wie die gemeinsame Standortinitiative der Bundesregierung und der deutschen Industrie behauptet, im „Land der Ideen" leben: Wieso entpuppen sich deutsche Unternehmen dann als „Ideengräber" statt als „Ideenfabriken"? Die Folgen sind fatal. Denn nur Bewährtes zu konservieren und sich heute darauf zu verlassen, dass das, was gestern funktioniert hat, morgen auch noch klappen wird – mit dieser Haltung muss man scheitern. Ohne Innovation gerät jedes Unternehmen früher oder später ins Hintertreffen. Und das gilt nicht nur für die großen Unternehmen und Konzerne, es gilt auch und gerade für die rund 2,6 Millionen kleinen und mittleren Unternehmen.

Offensichtlich übersehen immer noch viel zu viele Unternehmen, dass der mächtigste Erfolgsfaktor das Potenzial der Mitarbeiterideen ist. Eine im Auftrag des Bundesministeriums für Wirtschaft vom Institut für Sozialforschung und Gesellschaftspolitik (ISG) durchgeführte Untersuchung mit dem Thema „Probleme des Betrieblichen Vorschlagswesens unter besonderer Berücksichtigung kleiner und mittlerer Unternehmen" hat gezeigt, dass ein Großteil der deutschen KMU über „stille Reserven" verfügt, die nicht genutzt werden: den Reichtum der Ideen von Mitarbeitenden. Auch diese Untersuchung belegt: Drei von vier Mitarbeiterinnen und Mitarbeitern in deutschen Unternehmen bemängeln, dass in ihrem Unternehmen keine funktionierende Ideenkultur verankert ist; und dass ihre Verbesserungsvorschläge nicht gehört und umgesetzt werden. Dabei sind sie es, die Unternehmen wirksam voranbringen können.

Dass es anders geht, zeigt ausgerechnet einer der Konzerne, dessen Produkte für Schnelligkeit sprechen: Bei Porsche gilt Kreativität auf allen Ebenen im Unternehmen als unschätzbares Kapital und wichtiger Bestandteil der Unternehmenskultur. Alle Mitarbeiterinnen und Mitarbeiter sind für Geistesblitze am laufenden Band zuständig. Beim Porsche Ideenmanagement (PIDM) werden jedes Jahr 3.000 Ideen eingereicht, bewertet und im besten Fall prämiert.[3]

## 1.3 Alles Gute kommt von oben? Stimmt nicht!

Natürlich gibt es viele Wege und Möglichkeiten, wie kleine und mittlere Unternehmen ihre Wettbewerbsfähigkeit steigern können. Sie können Abläufe optimieren, ihre Produkte bzw. Dienste oder ihre Sichtbarkeit bzw. Marktpräsenz verbessern. Sie können Kosten einsparen, die Kundenzufriedenheit steigern oder die Motivation der Mitarbeiterschaft erhöhen. Alles gut, richtig und wichtig. Der entscheidende Punkt ist jedoch: Der Geist bestimmt die Materie. Alles, was wir als Umsatz und Gewinn in der betriebswirtschaftlichen Auswertung sehen, war zunächst nicht mehr als ein Gedanke. Anders gesagt: **Jeder Verbesserung geht eine Idee voraus. Immer!** Wo aber kommen diese Ideen her? Viele Unternehmen setzen auf zwei Wege. Erstens: Ideen kommen von oben. Zweitens: Ideen kommen von außen.

Von oben meint, dass es allein in der Kompetenz und Verantwortung der Führungskräfte liegt, Anstöße für Veränderungen und Verbesserungen zu geben. Genau so habe ich mich auch lange gesehen. Früher hatten wir in unserem Fahrschulunternehmen klare Hierarchien und ich stand im Mittelpunkt. Als Chef hielt ich mich für das Herz und Zentrum meines Unternehmens. Also glaubte ich auch, dass der Erfolg umso größer wird, je mehr Zuständigkeit und Kontrolle ich an mich ziehe, je mehr ich entscheide und umso stärker ich mich einmische. Ich glaubte, auf alles eine Antwort haben und geben zu müssen. Selten habe ich mich so geirrt. Schon aus zeitlichen Gründen konnte ich bei vielen Fragen allenfalls mittelmäßig erfahren sein,

---

[3] Quelle: Porsche Consulting

entsprechend dürftig war die eine oder andere Entscheidung. Hinzu kam: Ich merkte, dass mich die Vorstellung, eine eierlegende Wollmilchsau sein zu wollen, auszehrte. Morgens war ich der erste, abends der letzte im Betrieb. Es gab Tausend Aufgaben und jeder wollte etwas von mir. Dabei hatte ich nicht begriffen, dass ich selbst das Problem bin.

Zum Glück hat sich das verändert und habe ich mich verändert. Wie es dazu gekommen ist, erzähle ich an anderer Stelle ausführlich. Der Punkt ist aber, wohin ich mich und wohin sich die Fischer Academy entwickelt haben – das verlief beides parallel. Man könnte es so sagen: Indem wir den Egoismus auf allen Ebenen abgeschafft haben, hat sich auch meine Rolle verändert. Natürlich muss ich als Unternehmer Entscheidungen treffen. Aber ich muss nicht alle und nicht einmal die meisten treffen. Und natürlich ist es gut, wenn ich Ideen habe, wie ich mein Unternehmen voranbringen kann. Aber nicht ich allein, als einzelne Person, muss oder sollte alle Ideen hervorbringen und entwickeln. Und das ist auch gut so. Denn, hier gilt es offen und ehrlich zu sein: Es gab Zeiten, in denen ich keine Ideen hatte. Oder eher schlechte Ideen. Sich das einzugestehen, ist ein erster Schritt. Diesem folgt in vielen Unternehmen oft ein zweiter: Man setzt auf Ideen, die von außen kommen. Das kann heißen, dass man an Weiterbildungen teilnimmt und Seminare besucht. Genau das habe ich immer wieder gemacht und es hat mir oftmals die Augen geöffnet. Es gibt tolle Seminare und auf diesen gibt es viel zu lernen. Solche „Befruchtungen" von außen können ihr Geld wert sein.

Ganz anders sieht das meines Erachtens aus, wenn man externe Berater in sein Haus holt. Ich will hier nicht eine Branche schlecht reden. Aber viele Erfahrungen zeigen: Ganz oft scheitert dieser Weg. Weil die Berater das konkrete Unternehmen nicht verstehen und ihre Vorschläge nicht zur Kultur oder zu den Menschen dieses Unternehmens passen; weil Konzepte aus Lehrbüchern nicht für die Realitäten eines bestimmten Betriebes geeignet sind. Und fast immer wird es so sein, dass solche Veränderungen im Betrieb nicht auf die nötige Akzeptanz treffen, weil sie von außen kommen und der Mitarbeiterschaft auferlegt werden. So fährt noch das beste Innovationsprogramm gegen die Wand.

## 1.4 Kreativität wecken: Starke Ideen aus den eigenen Reihen

Dabei ist es eigentlich viel einfacher: Ideen müssen weder oben entwickelt noch von außen geholt werden. Sie können auch von unten oder besser noch von innen kommen, aus dem „Bauch" eines Unternehmens. Es liegt doch auf der Hand: Niemand kennt ein Unternehmen besser als es seine Mitarbeiterinnen und Mitarbeiter tun. Jeder ist jeden Tag mit genau den Herausforderungen beschäftigt, die sich in dem Unternehmen stellen. Im Kundenkontakt, am Computer, in der Werkhalle, im Materiallager – überall stellen sie fest, was gut läuft und was nicht. Und es wäre doch verrückt, dieses Wissen, das durch die praktische Erfahrung entsteht, nicht ernst zu nehmen, ja nicht zu nutzen. Diese stillen Reserven sind ein enormes Potenzial, ein echter Goldschatz. Meine Behauptung ist: Ideen, die aus dem Bauch ihres Unternehmens kommen, sind mit extrem hoher Wahrscheinlichkeit passender als alle Ideen, die von anderswo stammen.

Einem Einwand möchte ich gleich zuvorkommen: Vielleicht denken Sie, dass Sie Ihre Mitarbeiterinnen und Mitarbeiter bislang nicht als kreative Innovationstreiber kennengelernt haben und zweifeln deshalb daran, dass sich das ändern lässt. Glauben Sie mir: Es lässt sich ändern. **Unterschätzen Sie nie, welche Kreativität in Ihrem Unternehmen schlummert.** Denn Ideen einbringen, Neues ausprobieren, Dinge verändern – das gehört zum Wesen jedes Menschen.

Wenn man Kindern dabei zusieht, wie sie lernen, indem sie immer wieder Neues probieren, merkt man, wie viel Kreativität in jedem von uns steckt. Das Problem ist, dass uns das im weiteren Leben weitgehend abgewöhnt wird. In der Schule, in der Ausbildung, im Studium, im Beruf – überall sollen wir so funktionieren, wie es uns vorgegeben wird. Also tun wir das, passen uns an und hören nach und nach auf, kreativ zu sein. Damit aber ist unsere Fähigkeit zur Kreativität nicht verschwunden. Wir haben sie bloß verlernt. Und was man verlernen kann, kann man auch wieder erlernen und reaktivieren. Das geht zwar nicht von heute auf morgen. Aber es geht – wenn wir die richtigen Bedingungen schaffen und als „Ermöglicher" bzw. „Ermutiger" helfen, die vergessenen Talente wieder wachzurütteln.

Hinzu kommt ein Aspekt, den man gar nicht stark genug betonen kann: Wenn Mitarbeiterinnen und Mitarbeiter das Gefühl haben, dass ihre Erfahrungen und Ideen ernstgenommen werden, verändert das ihre Zufriedenheit. Alle suchen doch mehr als nur einen sicheren Arbeitsplatz. Niemand will in Wirklichkeit einfach nur irgendeinen Job oder Dienst nach Vorschrift machen. Man will sich mit seinen Aufgaben identifizieren, seine Stärken einbringen und seinen Beitrag für den Erfolg leisten. Es verändert vieles, wenn man das versteht und in seine Unternehmenskultur übersetzt. Denn sofort flacht sich die klassische Hierarchiepyramide ab und lassen sich Zuständigkeiten neu verteilen.

Natürlich will nicht jede(r) Mitarbeiter(in) jede Verantwortung tragen. Aber jeder fühlt sich dann am wohlsten, wenn er sich und seine Potenziale entfalten kann. Meine Aufgabe als Chef ist es, dafür zu sorgen, dass die Mitarbeitenden den Teil, den sie im Herzen tragen, im Unternehmen leben können. Deswegen frage ich jeden und jede immer wieder: „Was müsste passieren, damit du dich am Sonntag auf Montag freust?" Das ist eine Einladung, sich Gedanken zu machen und – genau – spannende neue Ideen zu haben. Und das ist gleich in doppelter Hinsicht gut für den Erfolg des Unternehmens.

Erstens bringen Mitarbeiterinnen und Mitarbeiter, die sich persönlich wertgeschätzt und ernstgenommen fühlen, weit eher Spitzenleistungen als solche, die wie eine Nummer behandelt werden. Wenn ein Mitarbeiter oder eine Mitarbeiterin Dinge tut, weil sie verordnet wurden, wird es im besten Fall gut. Aber es wird fast nie sehr gut. Dieser Unterschied ist entscheidend. Die offenkundige Wahrheit ist: Glückliche Mitarbeiterinnen und Mitarbeiter, die sich wertgeschätzt fühlen, lösen Probleme besser als unglückliche. Sie sind weniger krank, bringen sich stärker ein und verbreiten bessere Stimmung im Team und bei den Kunden – und das zahlt sich aus, letztlich für alle.

Zweitens legt eine aktive, von allen getragene Ideenkultur die Schwachstellen offen, die es in jedem Unternehmen gibt. Von unproduktiven Meetings über unzufriedene Mitarbeiterinnen und Mitarbeiter bis zu enttäuschten Kunden: Wo läuft etwas schief? Wie kann überhaupt sichtbar werden, was schiefläuft? Bewusst mitdenken und nach dem Rechten schauen, die Augen und Ohren für Schwächen und ungenutzte Chancen offenhalten – das machen nur Mitarbeitende, die sich als wichtiger und anerkannter Teil des ganzen Unternehmens fühlen. Von der Geschäftsführung bis zur Reinigungskraft: Meine Mitarbeiterinnen und Mitarbeiter sind mehr als ausführende Organe. Sie sind gestaltende Akteure – weil ich sie lasse und dazu ermutige.

Wie man das macht? Genau darum geht es im nächsten Kapitel.

## 2. Den Goldschatz bergen

### 2.1 Das Schicksal des roten Ordners: So klappt es nicht

Ich nenne die Mitarbeiterideen einen Goldschatz. Um diesen Schatz zu bergen, braucht es zweierlei: die richtige Einstellung und die passenden Werkzeuge. Und es braucht wirklich beides. Damit Sie verstehen, warum das so ist, werde ich Ihnen zunächst von einem kläglichen Scheitern erzählen, nämlich von meinem ersten Versuch, ein Ideenmanagement einzuführen.

Im März 1990 hatte ich eine Fahrschule gegründet. In den ersten Jahren lief alles bestens. Aber irgendwann zeichnete sich ab, dass wir, wie alle Fahrschulen in Ostdeutschland, in absehbarer Zeit Probleme bekommen werden: Der demographische Wandel und die massive Abwanderung nach der Wiedervereinigung würden uns in Zukunft deutlich weniger Fahrschüler bescheren. Es muss kurz vor dem Jahr 2000 gewesen sein. Das Überangebot an vorhandenen Fahrschulbetrieben, die schlechte Stimmung und die gefühlte allgemeine Unzufriedenheit bei mir und meinem Team mussten zu Veränderungen führen. Nur haben mir schlichtweg neue Ideen gefehlt. Es kam mir vor, als würde nicht nur mein Unternehmen stillstehen, sondern auch ich. Ein Unternehmer im Leerlauf. Wie konnten wir wieder in Bewegung kommen?

Eines Tages erzählte ich meinem Steuerberater Alfred von der Misere und meiner Unzufriedenheit. Er hörte mir aufmerksam zu und empfahl mir schließlich, an dem Seminar „UnternehmerEnergie" von der Firma SchmidtColleg[4] teilzunehmen. Gesagt, getan. Ich fuhr nach Franken in den Schindlerhof[5], eines der erfolgreichsten Seminarhotels Deutschlands. Heute kann ich sagen, dass das Seminar dazu geführt hat, dass ich mein

---

[4] Mehr Infos unter www.schmidtcolleg.de.
[5] Und wer mehr über den Schindlerhof wissen will, wird hier fündig: www.schindlerhof.de.

Unternehmen einmal komplett auf den Kopf gestellt habe. Ich habe meine Rolle als Unternehmer neu definiert: Statt alles kontrollieren zu wollen, konzentriere ich mich darauf, Potenziale zu fördern. Wir- statt Ich-Kultur, weniger Hierarchien, eine hohe Eigenverantwortlichkeit der Mitarbeiter(teams) – all diese neuen Prinzipien schildere ich ausführlich in meinen Büchern „Erfolg hat, wer Regeln bricht" (2014) und „Erfolg hat, wer mit Liebe führt" (2019). Hier geht es jetzt aber um die Ideenkultur. Auch sie hat ihren Ursprung im Schindlerhof.

Besonders beeindruckt war ich nämlich von Klaus Kobjoll, dem Inhaber des Schindlerhofes. Als er von seiner Art erzählte, wie er das Hotel führt, jagte bei mir ein Aha-Erlebnis das nächste. Und ich konnte es kaum glauben, als er berichtete, dass jede(r) Mitarbeiter(in) des Hotels jeden Monat eine Idee einbringt. Die Umsetzungsquote liegt bei rund 72 Prozent. Circa 80 Mitarbeiterinnen und Mitarbeiter bringen jeden Monat eine Idee ein, fast drei von vier werden tatsächlich umgesetzt – wow, was für eine Innovationspower! Klaus Kobjoll lieferte ein Beispiel nach dem anderen von Ideen aus der ganzen Breite seines Teams, die im Schindlerhof Realität geworden sind. In Erinnerung geblieben ist mir dieses: Er zeigte Bilder eines Salates, wie er früher in der Speisekarte des Hotelrestaurants abgebildet war. Appetitlich sah das nicht aus. Dann zeigte er Bilder eines anderen Salates: frisch, lecker – eine optisch hervorragende Kreation, die einen anlacht.

Die Veränderung ist alleine dadurch gekommen, dass sich das Küchenteam zusammengesetzt und Ideen ausgetauscht hatte. Die Präsentation wurde exzellent, ohne dass der Chef in den Prozess eingreifen musste. Als ich dann noch hörte, wie der „neue Salat" den Umsatz gesteigert und den Gewinn erhöht hat, hatte ich endgültig Feuer gefangen. Wild entschlossen, eine solche Ideenkultur auch in meinem Unternehmen umzusetzen und ich kehrte nach Gera zurück. Kaum angekommen, gestaltete ich ein Ideenblatt. Schon bald, so meine Fantasie, würden bei uns die Ideen knistern.

Im nächsten Teammeeting stellte ich meinen Plan vor. Ich war felsenfest überzeugt, dass er aufgehen und ab sofort alle Mitarbeitenden regelmäßig Ideen einbringen würden. Doch die Begeisterung im Team hielt sich ehrlich gesagt mehr als in Grenzen: „Warum sollen wir das machen? Ich setze meine Idee doch gleich um. Ich finde das überflüssig! " – „Ich soll Ideen jetzt aufschreiben? Das ist mir zu viel Aufwand." – „Ich habe keine Ideen!" Das ist nur eine kleine Auswahl der Aussagen, zustimmend war praktisch keine. Ich ließ mich jedoch nicht beirren. Kurz darauf waren die Ideenblätter gedruckt und ich machte eine Ansage: „Jeder jeden Monat eine Idee". Die ausgefüllten Ideenblätter sollten in einen roten Ordner in meinem Büro abgeheftet werden. Es konnte losgehen.

Die Zeit verging. Zwei Jahre später suche ich in meinem Büro irgendetwas. Da fällt mir der rote Ordner in die Hände. Bei 20 Mitarbeiterinnen und Mitarbeitern hätten – rechnerisch – 20 Ideen pro Monat, also insgesamt 480 Ideen abgeheftet sein müssen. Das Ergebnis war erschreckend. Der rote Ordner hatte schon Spinnweben. Und er enthielt gerade einmal sieben Ideenblätter. Sieben statt 480. Umgesetzt war keine einzige. Sechs der sieben stammten von einem Mitarbeiter. Ich selbst hatte keine einzige zu Papier gebracht. Was für ein Desaster.

Man kennt das ja: Was man sich vorgenommen hat, gerät im Alltagsstress in Vergessenheit. Trotzdem wurmte mich diese Erfahrung sehr: Wie hatte meine Idee so scheitern können, obwohl ich anfangs doch so überzeugt von ihr war? Die Geschichte hat ihr Gutes. Denn sie hat mich gelehrt, wie man es falsch macht. Nach und nach verstand ich, dass mein Vorgehen mehrere zentrale Fehler hatte. Hier die wichtigsten:

### Von oben angeordnet

Ich als alles bestimmender Chef, der ich damals war, habe meinen Mitarbeiterinnen und Mitarbeitern die Pistole auf die Brust gesetzt und gesagt: Seid kreativ! Das ist ein Widerspruch in sich. Einbringen werden sich Mitarbeiterinnen und Mitarbeiter nur in einem Betrieb, in dem eine Wir-Kultur gelebt wird; in dem sie sich also anerkannt, ernst genommen und wertgeschätzt fühlen. Verordnen lässt sich ein Kreativitätsschub jedenfalls nicht. Meine Mitarbeiterinnen und Mitarbeiter hätten zudem sicher eine andere Haltung zu dem Projekt gehabt, hätte ich sie an dessen Entstehung beteiligt und wirklich und nicht nur pro forma in meine Überlegungen einbezogen. Wer weiß schon, welch kluge Ideen sie beizutragen gehabt hätten.

## Zu bürokratisch

Ich hielt den Ansatz mit einem Ideenblatt, das in (m)einem Ordner abzuheften ist, für eine einfache Sache. Doch das war sie nicht. Die Mitarbeiterinnen und Mitarbeiter sollten ein Formular ausfüllen und dafür sorgen, dass es ordnungsgemäß abgeheftet wird. In einer Behörde wäre das nicht anders gemacht worden. Und die lustige Comicfigur auf dem Ideenblatt kann auch nicht darüber hinwegtäuschen, dass mein Plan der eines „betrieblichen Vorschlagwesens" war – ein Ansatz, der so bürokratisch ist wie er klingt. Und die Bürokratie ist nun einmal der Tod jeder guten Idee.

## Unklare Verantwortlichkeit

Auf den ersten Blick wirken Formulare immer eindeutig. Ob sie es wirklich sind, beweist sich erst in der Praxis. Schaut man sich mein Ideenblatt genauer an, sieht man, dass es die Zuständigkeiten nicht eindeutig regelt. In das Namensfeld ganz oben soll sich der/die Ideengeber/in eintragen, der ja eigentlich nur ein Vorschlaggeber ist. Denn als nächstes ist sein Chef oder seine Chefin am Zug, also ich. Ich muss den Vorschlag sichten, bewerten und wieder weiterreichen. An wen? Nicht notwendig an den/die Ideengeber/in, denn ganz unten auf dem Formular findet sich ja noch das Feld „Wer macht's?". Kann sein, dass der/die Ideengeber/in hier seinen/ihren eigenen Namen einträgt; vielleicht hat er/sie aber auch meinen Namen oder den einer Kollegin oder eines Kollegen angegeben; oder er hat das Feld frei gelassen oder ein Fragezeichen gesetzt. Kurzum: Wer hier wofür verantwortlich ist, wird durch das Formular nicht unbedingt geklärt, womöglich wird es sogar verunklart. Weiß denn der Kollege oder die Kollegin, der oder die die Idee umsetzen soll, überhaupt davon? Findet er oder sie die Idee auch gut? In jedem Fall macht diese im Formular angelegte Dreiteilung in Ideengeber/in, Entscheider/in und Umsetzer/in weitere Kommunikation und Abstimmung nötig – damit aber auch ausbleibende Kommunikation und Missverständnisse möglich. Hinzu kommt: Der/die Ideengeber/in kann sich nach Abgabe des Ideenblattes erst einmal zurücklehnen und abwarten, was denn mit seinem Vorschlag passieren wird. Er hat seine vom Chef angeordnete Pflicht ja erfüllt.

### Intransparent

Wer hat eine Idee abgegeben? Welche? Was ist aus ihr geworden? Die Wahrheit kennt nur der im Regal verstaubende Ordner. Der ganze Prozess war weder sichtbar noch nachvollziehbar. Damit bleibt die Abgabe einer Idee folgenlos: Niemand anderes erfährt davon, niemand wird dadurch erinnert, dass man selbst auch noch eine Idee einbringen soll. Doch auch der/die Ideengeber/in hat nichts davon, das Formular abgeheftet zu haben: Er erhält weder Aufmerksamkeit noch Lob und erfährt nicht einmal, was aus seiner Idee geworden ist. Wenn man Motivation zerstören will, dann ist das ein hervorragender Weg.

### Ein miserables Vorbild

Und dann muss ich mir selbst an die Nase fassen. Erinnern Sie sich, dass ich Sie im Vorwort dieses Buch gefragt habe, ob Sie bereit sind, als Ideenvorbild zu wirken? Ich war es damals nicht, zwei Jahre lang habe ich meinen eigenen Vorsatz ignoriert. Die erste Reaktion meines Teams hatte sich als wahr herausgestellt: Das Ideenblatt war nichts anderes als wieder mal „so ein Einfall vom Chef", auf den man auf bewährte Weise reagieren kann – abwarten, bis er sich wieder beruhigt hat und alles wieder seinen gewohnten Gang geht.

In diesem Punkt jedoch haben sie sich getäuscht: Es ging nicht weiter wie bisher. Ausgehend von dem herben Rückschlag haben wir uns nämlich auf eine spannende Innovationsreise begeben, die bis heute anhält und Ergebnisse hervorgebracht hat, die niemand vorhergesehen hat. Entscheidend war, dass wir aus den Fehlern des Ideenblattes gelernt haben und all seine Schwachstellen praktisch in ihr Gegenteil gedreht haben. Und schon hatten wir ganz wesentliche Prinzipien für ein funktionierendes Ideenmanagement beisammen.

## 2.2 Ideen-Power-DNA: Fünf Prinzipien für Kreativität

Wie regt man sich selbst und seine Mitarbeiterinnen und Mitarbeiter zu systematischer und unablässiger Ideenproduktion an? Ideen brauchen das richtige Umfeld, um zu entstehen, einen Spirit, der sie befördert. Ich nenne das auch die „Ideen-Power-DNA". Diese enthält fünf Grundprinzipien, die für eine lebendige unbürokratische Ideenkultur im Unternehmen unerlässlich sind.

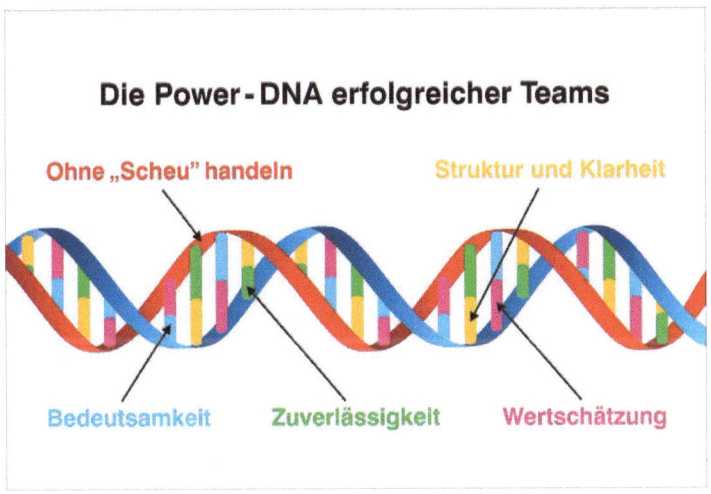

## Zuverlässigkeit

Jede(r) Mitarbeiter(in) ist unterschiedlich kreativ. Es ist möglich, dass jeder jeden Monat eine Idee einbringt, wahrscheinlich sogar jede Woche. Legen Sie ein Ziel fest, dass für alle eine klare Orientierung gibt, zum Beispiel „jeder eine Idee pro Monat". Sie müssen dann aber auch gewährleisten, dass jeder die Möglichkeit hat, auf einfache und nachvollziehbare Weise eine Idee einzubringen. Und jeder muss sich darauf verlassen können, dass seine Idee dann auch wahrgenommen und umgesetzt werden kann. Anders ausgedrückt: Die Ideenkultur darf nicht mal „wieder nur so eine Idee" gewesen sein, sie muss als Herausforderung, beständiger Ansporn, aber auch permanente Chance fest in das Unternehmen und den Arbeitsalltag integriert werden. Gerade in kleinen und mittelständischen Unternehmen ist eine aktive **Rolle der** Geschäftsführung von enormer Bedeutung: Diese muss mit gutem Beispiel vorangehen, also selbst eine Ideenkultur vorleben und der Belegschaft die Bedeutung des Ganzen immer wieder bewusstmachen. Schließlich geht es nicht um ein kurzes kreatives Strohfeuer, Ziel ist ein dauerhaftes Glühen.

## Bedeutsamkeit

Eine Ideenkultur basiert auf der Überzeugung, dass alle im Unternehmen wichtig für das Unternehmen sind, ganz gleich, in welchem Bereich und an welcher Position sie tätig sind. Dementsprechend gestalten auch alle das Unternehmen mit. Das jedoch ist Chance und Aufgabe zugleich: Niemand darf sich seiner Verantwortung entziehen. Insofern muss die Ideenkultur auch gemeinsam besprochen und beschlossen werden. Denn: Ein Ideenstrom lässt sich nicht verordnen, er muss von allen entfacht und am Leben gehalten werden. Bedeutsam in einer aktiven Ideenkultur ist aber nicht nur jeder Einzelne, bedeutsam ist auch jede einzelne Idee. Es spielt keine Rolle, wie groß oder wie klein sie ist. Jede kann eine Veränderung und damit auch Verbesserung bewirken. Es gibt keine Beurteilung für eine schlechte oder eine gute Idee. Entscheidend ist, dass es dem/der Mitarbeitenden wichtig ist, diese Veränderung voranzubringen. Allein ihm oder ihr obliegt die Beurteilung der Bedeutsamkeit. Anders gesagt: Alles, was zur Veränderung und zum Vorankommen beiträgt, ist sinnhaft und damit richtig.

## Wertschätzung

Aus dem Prinzip der Bedeutsamkeit ergibt sich das der Wertschätzung: Wenn jede Idee bedeutsam ist, hat sie es auch verdient, beachtet und gesehen zu werden. Das kann man auf verschiedene Weise organisieren. Wir machen es inzwischen so, dass wir – auch das ist eine umgesetzte Idee eines Mitarbeiters bzw. einer Mitarbeiterin – einmal im Monat mittags gemeinsam kochen. Wir nennen das unseren „Dorfbrunch". Während des Brunches werden Innovationen vorgestellt. Der/die Ideengeber/in berichtet, wie es bislang war, worin die Idee besteht und wie bzw. bis wann er sie umsetzen wird oder ob sie bereits umgesetzt ist. Es geht dabei eben nicht darum, Ideen zur Diskussion zu stellen oder gar beurteilen zu lassen. Vielmehr wird ihnen beim Dorfbrunch ein „roter Teppich" ausgerollt: Sie dürfen im Rampenlicht stehen und glänzen. Sowohl die Ideengeber als auch die Ideen werden sichtbar und können so das ganze Team inspirieren. Anders ausgedrückt: Beim Dorfbrunch erhalten Ideen und Ideengeber die Anerkennung, die sie verdienen.

## Ohne Scheu handeln können

Wo gehobelt wird, da fallen Späne, heißt es im Sprichwort. Wer handelt, macht Fehler und das ist auch gut so. Nicht jede Idee wird gelingen. Wenn ich einen Fehler mache, wird mir das nicht zum Vorwurf gemacht. Im Gegenteil: Fehler zu machen, muss erlaubt sein. Wenn man mit Fehlern richtig umgeht und aus ihnen lernt, bringen sie das Ganze sogar voran. Fehler willkommen zu heißen, fordert ein Umdenken. Deswegen ist es wichtig, eine positive „Fehlerkultur" zu entwickeln.

## Struktur und Klarheit

Wie schon unter dem Punkt „Zuverlässigkeit" beschrieben, braucht es klare Regeln für das Ideenmanagement: Worum es geht und wie es geht – das muss allen Beteiligten bekannt und verständlich sein. Regeln sorgen für Struktur, aber auch für Nachvollziehbarkeit, Transparenz und Überprüfbarkeit. Glauben Sie mir, sie sind entscheidend dafür, dass eine Ideenkultur dauerhaft gelebt wird. Deswegen lohnt sich ein Blick darauf, wie wir es in unserem Unternehmen gehandhabt haben.

## 2.3 Spielregeln für den Wach-Bleib-Prozess

In meinen Büchern und Vorträgen bezeichne ich Unternehmen wie die Fischer Academy gerne als „Spielplätze für Erwachsene". Da müssen manche schlucken, andere fragen sich, ob der Mike Fischer jetzt verrückt geworden ist. Was will ich mit dieser Bezeichnung sagen, die ich selbst gar nicht so provokant finde wie sie andere wahrnehmen? Ein Spielplatz ist ein Ort, an dem Kinder frei spielen und sich ausprobieren können. Es ist ein aufregender Ort, gerade weil alle Beteiligten ihre Kreativität entfalten und sich miteinander in Beziehung setzen können. Dabei entsteht oft etwas Neues, eine positive Dynamik. Ich jedenfalls habe mich als Kind auf einem Spielplatz mit meinen Freuden nie gelangweilt. Es gab Regeln des Umgangs und des Spiels, aber nie öde Routinen.

Hieraus lässt sich etwas für das Wirtschaftsleben lernen. **Ich bin fest davon überzeugt, dass genau solche spielerischen Freiheiten Dynamiken freisetzen können, die den Erfolg eines Unternehmens befördern.** Natürlich sind Unternehmen keine Spaßveranstaltungen und der Zusatz Spielplatz „für Erwachsene" macht klar, dass es immer auch ernst ist, schließlich soll das Unternehmen überleben, Gewinn machen und allen Mitarbeiterinnen und Mitarbeitern ein gutes Auskommen ermöglichen. Aber wenn Spaß und Spiel genau dabei helfen – dann umso besser.

Warum ich das erzähle? Zur Vorbereitung. Sie sollen nicht überrascht vom Stuhl fallen, wenn ich Ihnen jetzt von unserer „Spielkultur" berichte. Jedes Jahr von September bis November setzt sich meine gesamte Mitarbeiterschaft – ohne mich – zusammen und erarbeitet die neuste Fassung unserer Spielkultur. Im Januar wird sie veröffentlicht. In ihr sind Ziele, Visionen, Strategien und Regeln festgelegt: Wo wollen wir hin? Was ist uns wichtig und was wollen wir erreichen? Wie wollen wir es erreichen und wie wollen wir zusammenarbeiten? All das steht in der Spielkultur, sie ist so etwas wie die Gebrauchsanweisung der Fischer Academy, man könnte es auch Leitfaden, Unternehmensphilosophie oder Arbeits- und Planungsübereinkunft nennen oder ein anderes Wortungetüm finden. Wir sagen Spielkultur. Denn damit wird deutlich, dass wir unser Unternehmen tatsächlich als Spielplatz für Erwachsene verstehen, in dem die Kreativität aller gewünscht ist.

In der Spielkultur ist auch unsere Ideenkultur verankert – als Ziel und fester Bestandteil des gemeinsamen Selbstverständnisses. Und weil jedes Spiel Regeln braucht, finden sich hier auch die Regeln unserer Ideenkultur. Diese haben sich im Laufe der Jahre immer wieder leicht verändert, sie wurden ergänzt und aktualisiert. Die Grundzüge aber sind gleichgeblieben. Hier habe ich die wichtigsten zusammengestellt:

- Jede und jeder bringt regelmäßig Ideen ein. Ziel ist eine umgesetzte Idee pro Person pro Monat. Jede und jeder wirkt so ein kleines Stück am Wach-Bleib-Prozess unseres Betriebes mit.
- Alle machen mit. Vom Hausmeister/der Hausmeisterin bis zur Chefin/zum Chef. Letztere/r muss Vorbild sein und dasselbe tun wie alle anderen.
- Jede und jeder plant und kalkuliert die Umsetzung der eigenen Idee selbst. Und jede und jeder setzt die Idee selbst zeitnah um. Wer dabei Unterstützung braucht, organisiert sich auch diese selbst.
- Einmal im Monat stellen alle im Ideenmeeting – dem „Dorfbrunch" – ihre Ideen vor.
- Einmal im Monat wählt das Team die „Idee des Monats" nach dem Kriterium: Welche Idee tun uns am meisten gut?
- Der Chef oder die Chefin bedankt sich für die guten Ideen der Mitarbeiterinnen und Mitarbeiter.
- Weniger gute Ideen werden auf eine wertschätzende Weise abgesagt.

Sollte ein Teammitglied mehrere Ideen haben, umso besser. Die Möglichkeit, die Idee an ein anderes Teammitglied weiterzugeben, ist im Sinne der Sache und gewollt.

So einfach, so klar. Denn dadurch weiß jeder, wie es geht. Jede Regel ist wichtig. Mit am wichtigsten ist aber, was nicht geregelt wird: Bewusst definieren wir nicht, was als gute Idee gilt und was nicht. Allgemein könnte man es so sagen: Eine Idee ist dann eine gute, wenn sie eine Leistungsverbesserung bewirkt. Dabei spielen Aufwand, Größe und Höhe der Kosten der Idee zunächst einmal keine Rolle. Es zählt allein der Wille, etwas zu verbessern oder etwas Neues in die Welt zu setzen. Das Spektrum der Möglichkeiten ist also extrem breit. Bei uns in der Fischer Academy können Ideen auf eine schlanke Verwaltung oder den Einsatz von moderner Technik zielen, genauso können sie den Service für unsere Kunden – durch bessere Angebote, schöneres Ambiente oder mehr Gastfreundschaft – verbessern. Vielleicht sind sie aber auch der Schlüssel für neue Strategien oder Dienstleistungen, mit denen wir Umsätze generieren können. Oder sie tragen dazu bei, dass die Verbundenheit im Team noch stärker wird. Eine Idee muss nicht einmal unmittelbar mit dem Unternehmen zu tun haben. Vielleicht hilft die Idee auch, die Welt ein kleines Stück besser zu machen. Oder sie bringt die Persönlichkeit des Ideengebers weiter. Es gibt bei uns viele Beispiele, wie auch solche Veränderungen quasi „über Bande" zur Stärkung unseres Unternehmens beigetragen haben. Kurzum: Wir machen keine inhaltlichen Vorgaben, vielmehr lassen wir das Feld bewusst offen. Denn es geht darum, einen wachen Blick zu fördern.

Das ist einer der allerwichtigsten Erfolge unserer Ideenkultur: Sie bringt uns dazu, mit offenen Augen unterwegs zu sein und uns permanent zu fragen, wo sich etwas anders und besser machen lässt. Dadurch vermeiden wir die gefährliche „Betriebsblindheit", die daraus besteht, nichts mehr infrage zu stellen, uns an Gewohnheiten zu klammern und damit die unzähligen Möglichkeiten zur Veränderung eben nicht wahrzunehmen. Ich nenne das den „Wach-Bleib-Prozess". Auf den Punkt gebracht: **Wer nach Ideen sucht, wird Probleme sehen, Lösungen entwickeln und Neues erfinden.**

Genau diesen Prozess lösen wir durch die Zielsetzung „eine Idee pro Monat" aus. Alle sind gleich angesprochen, alle sind gleich (auf)gefordert. Man könnte meinen, dass dieses Prinzip bei dem ein oder anderen Druck erzeugt. Das Interessante ist aber, dass die für alle geltende Anforderung entlastet: Sie hält einen davon ab, sich zu entziehen, genervt davon zu sein, nicht mit machen zu wollen. Das ist ein bisschen wie Zähneputzen: Man hat nicht immer Lust drauf, aber man macht es einfach und weiß, dass es gut ist, es zu tun.

Eine weitere Regel möchte ich unbedingt hervorheben. Denn sie macht den großen Unterschied zu meinem Ideenblatt von einst aus. Die Regel lautet: Der/die Ideengeber/in ist auch derjenige, der die Idee umsetzt – und wenn er will sofort. Anders als damals ist die Idee also nicht mehr nur ein Vorschlag. Sie ist ein konkretes Vorhaben einer bestimmten Person. Mehr noch: **Eine Idee ist ein Auftrag, den man sich selbst gibt.** Und man kann die Idee umsetzen, ohne dass sie zuvor beraten, abgeklärt oder genehmigt werden muss. Die Führungskraft ist nicht mehr der Hüter der Ideen. Damit haben wir uns radikal von dem klassischen „Vorschlagswesen" verabschiedet. Bei diesem hat der Vorschlagende mit der Umsetzung seiner Idee erst einmal nichts zu tun, vielmehr muss erst ein Entscheidungsprozess und dann ein Planungsprozess durchlaufen werden: Irgendjemand muss die Vorschläge sichten, darüber entscheiden und bestimmen, wer sie umsetzt. Weil all das den „kreativen Fluss" stört und, wie weiter oben gezeigt, die Verantwortlichkeit verunklart, haben wir es abgeschafft und das Ganze auf das maximal einfache Prinzip verdichtet: Der Ideengeber/die Ideengeberin setzt die Idee auch um. Punkt. **Alle Ideen, die andere – sei es die Chefin/der Chef oder der Hausmeister/die Hausmeisterin – umsetzen müssen, sind keine guten Ideen.**

## 2.4 Vertrauen zahlt sich aus

Erinnern Sie sich an meine Fragen nach dem vertrauen und loslassen können, die ich Ihnen im Vorwort gestellt habe? Spätestens jetzt dürfte klar sein, warum ich das getan habe. Denn das Prinzip, dass Ideen vor ihrer Realisierung nicht erst von mir abgesegnet werden müssen, verlangt etwas ganz Grundlegendes: Vertrauen. Ich würde sogar sagen: bedingungsloses Vertrauen. Denn wenn man als Chef oder Chefin darauf verzichtet, jede Idee zu prüfen, gibt man Kontrolle aus der Hand. Und Kontrolle abzugeben, fällt nicht immer leicht. Sofort schießen einem Bedenken in den Kopf: Was, wenn ein Mitarbeiter oder eine Mitarbeiterin eine absurde Idee hat und sogar umsetzt – habe ich dann Schaden? Oder was, wenn zwei Mitarbeiter(innen) gegensätzliche Ideen verfolgen – wer greift dann regelnd ein? Und was macht man, wenn ein(e) Mitarbeiter(in) eine Idee in Angriff nimmt, die viel Geld kosten wird? Auch ich habe mir zu Anfang solche Fragen gestellt und mir Sorgen gemacht. Doch es gibt zwei starke Argumente, mit denen sich diese verscheuchen lassen. Das eine ist Erfahrung.

Wie es in den Wald hinein ruft, so schallt es heraus, heißt es im Sprichwort – meines Erachtens zu Recht. Seit vielen Jahren bestätigt sich für mich immer wieder, dass Mitarbeiterinnen und Mitarbeiter, die sich wertgeschätzt und ernstgenommen fühlen, dieses Vertrauen zurückzahlen: mit Loyalität, mit Einsatz, mit kreativen Ideen. Natürlich gibt es immer die zwei Prozent, die Freiheiten ausnutzen. Aber wollen Sie wegen diesen mickrigen Ausnahmen den anderen 98 Prozent die Freiheiten nehmen und damit auch auf all das verzichten, was diese Freiheiten Ihrem Unternehmen Gutes bringen können? Man kann das als ethische Frage verstehen. Man kann es aber auch betriebswirtschaftlich sehen. Natürlich kann ich nicht ausschließen, dass ein(e) Mitarbeiter(in) die Freiheit auch einmal ausgenutzt hat. Was ich aber definitiv weiß und jeden Tag beobachten kann, ist so viel mehr wert: Wie sich mein Team mit dem Gesamtunternehmen identifiziert, wie es sich einbringt und welch fantastische Ideen es hat und umsetzt.

Zu meiner Erfahrung gehört auch, dass man sich wenig Sorgen um die Qualität der Ideen machen muss. Natürlich bin ich nicht bei jeder Idee vor Begeisterung aus dem Häuschen. Das wäre auch ein bisschen viel verlangt. Bei manchen Ideen aber, tue ich das und bei den meisten denke ich: „Stimmt, das ist doch praktisch oder viel besser als wie wir es bislang machen." Und oft denke ich: „Klar, wieso bin ich da nicht selbst darauf gekommen? Das liegt doch auf der Hand." Hier bewahrheitet sich, was ich eingangs gesagt habe: Niemand kennt die Abläufe und damit eben auch die Fehlerquellen und Verbesserungspotenziale so gut wie Ihre Mitarbeiterinnen und Mitarbeiter. Und genau deswegen sind auch ihre Ideen fast immer gut, angebracht und passend.

Ich habe gesagt, dass es zwei Argumente gibt, warum man Vertrauen in diese Form der Ideenkultur haben kann. Hier kommt das zweite: Neben allem guten Willen habe ich eine technische Unterstützung an meiner Seite – eine interaktive Plattform, die den gesamten Prozess der Ideenkultur steuert und für alle, also auch für mich als Chef transparent macht. Diese Anwendung heißt bei uns **„Umdenkfabrik"** und wir haben sie selbst entwickelt. Im nächsten Kapitel werde ich ausführlich erläutern, wie sie aufgebaut ist und warum sie ein unerlässliches Element für eine funktionierende Ideenkultur ist. Weil wir aber eben bei den Sorgen waren, die das Vertrauensprinzip womöglich auslöst: Es gehört zu den unschätzbaren Vorzügen der Umdenkfabrik, dass man mit ihr viele Unwägbarkeiten regeln und auf Wunsch auch einschränken kann. So kann man eine Ideenkultur mit eben jenem Freiheitsgrad entwickeln, wie er zum eigenen Unternehmen passt. Lassen Sie sich überraschen!

# 3. Die Umdenkfabrik: Motor des Ideenstroms

## 3.1 Eine Plattform für alle Fälle

Erinnern Sie sich noch an den roten Ordner in meinem Büro, in dem ich die ausgefüllten Ideenblätter abheften wollte? An diesem Punkt sind wir nun angekommen: Wir haben Prinzipien, wir haben Regeln. Und wir erinnern uns, dass das alte Ideenblatt nicht funktioniert hat. Was wir noch nicht wissen, ist, wo die Ideen stattdessen platziert werden sollen: Wo werden sie festgehalten und kommuniziert, wie wird ihre Umsetzung überprüft und an welcher Stelle kann deutlich werden, was eine Idee verändert und dem Unternehmen gebracht hat? Kurzum: Was unsere Ideen unbedingt brauchen, ist ein Ort bzw. ein System, in dem all das geschehen kann. Ohne eine Plattform, die kreative Ideen sichtbar macht und dokumentiert und alle Beteiligten dazu bringt, ihren kreativen Input vorzulegen und zu erläutern, werden Prinzipien und Regeln nicht zünden. Das ist wie mit guten Vorsätzen, die man hat, aber ganz schnell wieder vergisst. Letztlich war auch der rote Ordner von damals eine Plattform. Nur eben eine schlechte. Heute, das ist klar, kommt eine Plattform ohne Papier aus. Wir sprechen über eine elektronische Plattform.

Tatsächlich bietet der Markt eine Vielzahl von Softwareangeboten für das betriebliche Ideenmanagement. Diese haben jedoch ein Problem: Sie sind nicht einfach. Und indem sie das nicht sind, widersprechen sie einem der wichtigsten Prinzipien für eine lebendige Ideenkultur. Die meisten dieser kommerziellen IT-Lösungen können unglaublich viel – und gerade deswegen werden sie dort, wo es darauf ankommt, im betrieblichen Alltag, tendenziell versagen: weil sie zu kompliziert sind; weil man sich einarbeiten muss; weil man allzu leicht den Überblick verliert und vergisst, wie es geht; weil die Anwendungen zu zeitaufwändig und zu wenig zugänglich sind.

Ich weiß, wovon ich rede. Denn vor einigen Jahren waren wir auf der Suche nach einem solchen System und haben den Markt sondiert. Und wissen Sie, welches wir genommen haben? Keines. Stattdessen haben wir unsere eigene Lösung entwickelt und ein Software-Tool programmieren lassen, das exakt so ist, wie es sein muss: unbürokratisch, transparent und von jedem gut nutzbar.

Unserem Programm haben wir einen Namen gegeben, der ausdrückt, worum es geht: „Umdenkfabrik". Denn genau das sind wir längst geworden, ein Unternehmen, das sich zum Prinzip gemacht hat, immer wieder alles auf den Prüfstand zu stellen, anders zu denken und Neues zu wagen. Nur deshalb sind wir überhaupt auf die Idee gekommen, eine eigene interaktive Plattform zu schaffen. Und seit wir die „Umdenkfabrik" im Einsatz haben, sorgt sie dafür, dass wir als Unternehmen weiterhin und sogar noch viel mehr als zuvor eine buchstäbliche Umdenkfabrik sind.

Natürlich ist auch die Umdenkfabrik in unserer Spielkultur verankert. Dort ist aufgeführt, was die Plattform für uns bedeutet und leistet.

Die Umdenkfabrik ...

- dient als Inspirationsquelle, Kommunikationsplattform und Ideenlieferant.
- ist offen für alle Vorschläge, regt zu Verbesserungen in allen Bereichen an (technisch, kaufmännisch, organisatorisch, sozial).
- motiviert sämtliche Mitarbeiterinnen und Mitarbeiter zur Weiterentwicklung und schärft das Bewusstsein für gemeinsames Engagement.
- hilft, Fehlerquellen zu beseitigen und Verbesserungspotenziale auszuschöpfen.
- erzeugt Aufbruchsstimmung und schafft Anerkennung für Ideen- und Impulsgeber.
- ist ein Gradmesser für die Lernfähigkeit der eigenen Organisation.

Die Umdenkfabrik ist als flexible Plattform konzipiert, sodass sie jederzeit auf spezifische Anforderungen angepasst werden kann. Das Ideenmanagement ist zwar das zentrale, aber keineswegs das einzige Werkzeug der Umdenkfabrik. Vom Nachrichtenbrett über das Stimmungsbarometer bis zum Logbuch enthält sie noch andere und extrem hilfreiche Anwendungen. Mit all dem, schafft die Umdenkfabrik eine interaktive Umgebung, die ein Unternehmen nachhaltig verändern kann. Wie, werde ich Ihnen im Folgenden genauer beschreiben. Zunächst werde ich mich auf das Herzstück konzentrieren – der „Ideentisch".

## 3.2 Platz für gute Vorschläge: der Ideentisch

In unserer Spielkultur ist das Ziel formuliert, dass jede Mitarbeiterin und jeder Mitarbeiter jeden Monat eine Idee einbringt. Der Ideentisch ist der Ort, an dem sie das tun. Hier werden Innovationen „aufgetischt", also formuliert, sichtbar gemacht und gespeichert. Und da die Umdenkfabrik online funktioniert, können alle Mitarbeitende eine Idee jederzeit und von jedem Ort aus mit einem Computer oder per Smartphone „auf den Ideentisch legen".

So geht es: Sobald man sich mit Nutzername und Passwort eingeloggt und mit einem Klick den Ideentisch geöffnet hat, sieht man eine übersichtliche Liste aller Mitarbeiterinnen und Mitarbeiter. Dank eines Farbsystems ist auf einen Blick erkennbar, wer im laufenden Monat schon eine Idee (oder mehrere) eingetragen hat und bei wem dies noch aussteht. Präziser noch: Es wird auch angezeigt, ob eine angegebene Idee bereits umgesetzt ist. Aber erst einmal will man ja seine eigene Idee einbringen. Nach einem Klick auf den Button „Meine Idee für diesen Monat" öffnet sich eine übersichtliche Maske mit der Überschrift „Ich hab' da eine Idee". Hier muss man nun nicht mehr tun, als folgende Felder auszufüllen:

- **So war es bisher.**
- **Mein Vorschlag ist.**

- **Was bringt uns das?**
- **Wie kann der Vorschlag umgesetzt werden?**
- **Umsetzungszeitraum.**
- **Mit wem wird die Idee umgesetzt?**
- **Was wird es kosten?**

Damit keine Missverständnisse aufkommen: Es geht hier nicht darum, auf einer Behörde einen Antrag zu stellen. Niemand soll sich allzu lange mit dem Formular aufhalten. Statt ausschweifende Erklärungen abzuliefern und lange über einzelnen Formulierungen zu grübeln, soll die Idee stichpunktartig so vermerkt werden, dass alle anderen verstehen, worum es geht. Letztlich teilt man mit, welche Idee man hat und bis wann sie mit wem umgesetzt sein wird – in maximal fünf Minuten ist das erledigt.

Sobald die Idee in der Umdenkfabrik abgespeichert wurde, ist sie für alle anderen User sichtbar. Überhaupt ist alles transparent. Wer hat im laufenden Monat bereits eine Idee eingebracht (welche, wann etc.) und in welcher Phase befindet sie sich gerade (ist sie geplant oder bereits umgesetzt)? Besonders interessant: Hat der Chef oder die Chefin eigentlich schon seine Monatsaufgabe erledigt? Mit einem Klick kann man sich genauere Informationen über jede Idee anzeigen lassen. Oder man tut es nicht und wartet bis zum nächsten Dorfbrunch. Spätestens dann wird man die Ideen der anderen kennenlernen.

Diese Transparenz ist wichtig. Indem alle Beteiligten das gleiche System nutzen und alles für alle sichtbar ist, hat das eine disziplinierende bzw. ich würde eher sagen, motivierende Wirkung: Denn unmittelbar wird klar, dass das ganze Team und man selbst als Teil des Teams den Ideenstrom zusammen immer weiter antreibt, Monat für Monat, Idee für Idee, zum Wohle aller. Zumindest bestätigt das meine persönliche Erfahrung in unserem Unternehmen. Jedes Mal, wenn ich auf dem Ideentisch aktiv bin, stellt sich dieses positive Gefühl ein: Die Fischer Academy ist in Bewegung und wir alle sorgen dafür, dass das auch so bleibt.

Wer will, kann sich mit der Umdenkfabrik die Dynamik der Ideenkultur genauer anschauen. Denn anders als damals mein roter Ordner, dokumentiert sie automatisch alle relevanten Prozesse. Mithilfe des Tools „Statistikschalter" kann man sich Kennzahlen zum Ideenmanagement anzeigen lassen. Wie viele Ideen sind in diesem Jahr bereits abgegeben worden? Sind das mehr oder weniger als zum gleichen Zeitpunkt des Vorjahres? Wie hoch ist die aktuelle Umsetzungsquote? Wieviel kostet die Umsetzung einer Idee im Durchschnitt? Wann werden die Ideen in der Regel abgegeben – erst kurz vor Monatsende? Wer hat die meisten Ideen abgegeben? Bei wem klafft die Zahl von abgegebenen und umgesetzten Ideen weit auseinander? Kurzum: Das Tool hilft, zwischen den Zahlen zu lesen.

Wichtig ist das in zweierlei Hinsicht. Erstens lässt sich so überprüfen, ob die Ideenkultur im Unternehmen funktioniert. Würde den Zielvereinbarungen zum Trotz beispielsweise jeder Mitarbeitende im Schnitt pro Jahr nur fünf Ideen abgeben und davon würden dann lediglich drei umgesetzt, liegt offensichtlich etwas grundsätzlich im Argen und man sollte schleunigst schauen, warum die Ideenkultur nicht zündet. Zweitens erhält man ein Bild darüber, wie sich der einzelne Mitarbeiter einbringt. Hat er oder sie besonders viele Ideen umgesetzt oder im Gegenteil, auffallend wenige abgegeben? Bei uns in der Fischer Academy ist niemand gezwungen, Ideen einzubringen. Gleichwohl ist es ein wichtiger Anzeiger für das persönliche Engagement. Und eines ist auch klar: Wer keine Idee einbringt, kann auch nichts ändern und hat daher kein Recht, sich über dieses oder jenes aufzuregen. Es gilt bei uns das Prinzip nicht lästern, nicht quatschen, sondern machen und umsetzen.

Angenommen, ich sehe, dass ein(e) Mitarbeiter(in) in den letzten drei Monaten nur eine Idee eingebracht und diese nicht einmal umgesetzt hat, ist dies für mich der Anlass, sofort das Gespräch zu suchen und nachzufragen, was los ist. Vielleicht erfährt man, dass dieser Mitarbeiter bzw. diese Mitarbeiterin gerade private Schwierigkeiten hat und die Ideenkultur deshalb für den Moment aus dem Blick verloren hat; oder es kommt heraus, dass er mit seinem Arbeitsbereich unzufrieden ist oder es akut Knatsch mit einem Kollegen oder einer Kollegin gibt. So oder so: Es ist gut, das zu wissen, denn dann kann man schauen, ob und wie sich das Problem lösen lässt. Es kann aber auch sein, dass man in dem Gespräch erfährt, wie wenig sich besagte(r) Mitarbeiter(in) mit dem Unternehmen identifiziert und dass er innerlich schon gekündigt hat. In diesem Fall muss man sich trennen – nicht zur Strafe, weil der Mitarbeiter bzw. die Mitarbeiterin keine Ideen geliefert hat, sondern weil die ausbleibenden Ideen aufgezeigt haben, dass hier etwas nicht (mehr) zusammenpasst. Glauben Sie mir: **Der über die Umdenkfabrik nachvollziehbare kreative Input ist ein zuverlässiger Indikator dafür, wie es läuft – im Unternehmen und individuell.**

Der Ideentisch in unserer Umdenkfabrik ist prall gefüllt, immer wieder werden neue kreative Menüs aufgetischt. Mit unseren 20 Mitarbeiterinnen und Mitarbeitern haben wir in den vergangenen Jahren mehrere Tausend Ideen kreiert und auch umgesetzt. Im Jahr 2019 lag unsere Schlagzahl in der Ideenproduktion bei zehn Ideen pro Mitarbeiter(in), die Umsetzungsquote betrug 84 Prozent. Das sind außergewöhnliche Zahlen, die belegen: Alle ziehen mit, das System funktioniert und das Unternehmen wird permanent besser. Die Umdenkfabrik hat daran einen erheblichen Anteil.

Die Vorzüge der interaktiven Plattform hinsichtlich der Innovationspower werden besonders anschaulich, wenn man sie mit dem roten Ordner von einst vergleicht. Tun wir einmal so, als hätte das damalige System funktioniert und in dem Ordner wären in einem Jahr 200 Ideen abgeheftet worden: Wie unterscheiden sich der Ordner und die Umdenkfabrik?

| Roter Ordner | Umdenkfabrik |
|---|---|
| Niemand weiß, welche Ideen die anderen abgegeben haben bzw. ob sie etwas abgegeben haben. | Alle sind über alle anderen Ideen im Bilde. Diese Transparenz ist Voraussetzung, um das Ziel „eine Idee pro Monat" verfolgen zu können. |
| Werden keine Ideen abgegeben, fällt das niemandem auf. Jeder ist erst einmal nur sich selbst gegenüber verantwortlich – die Bürokratie wirkt trennend und individualisierend. | Alle sind über alle anderen Ideen im Bilde. Diese Transparenz ist Voraussetzung, um das Ziel „eine Idee pro Monat" verfolgen zu können. |
| Ein leeres Ideenblatt suchen, es ausfüllen und lochen, in das Büro zu dem roten Ordner gehen, dort evtl. stören, und das Blatt abheften – die Abgabe einer Idee erfordert all diese Schritte und die physische Anwesenheit. | Die Abgabe einer Idee kann online und damit zu jeder Zeit von jedem Ort aus erfolgen, schnell und sicher. |
| Welche Ideen wurden umgesetzt? Wie viele? Wie hoch ist die Umsetzungsquote? Für jede Frage müsste immer wieder aufs Neue jemand den Ordner durchforsten und mithilfe von Strichlisten eine Auswertung vornehmen. Wollte man laufend auf dem Stand bleiben, wäre ein Praktikant vollauf beschäftigt. | Am digitalen Ideentisch wird der Prozess lückenlos dokumentiert. Eine Auswertung ist jederzeit per Knopfdruck nach verschiedenen Kriterien möglich – und das für jedermann. |

## 3.3 Maßarbeit: Die Umdenkfabrik in Ihrem Unternehmen

Bislang habe ich beschrieben, wie wir in der Fischer Academy unsere Ideenkultur leben: Welchen Prinzipien wir folgen; welche Ziele wir uns gesetzt und welche Regeln wir uns gegeben haben; und wie wir die Umdenkfabrik für unsere Zwecke konfiguriert haben. Nicht alles stellte sich von Anfang an genau so dar, wie oben beschrieben. Vieles hat sich erst im Laufe der Zeit dahin entwickelt oder auch verändert. Das ist wichtig zu wissen. Denn: Es gibt nicht das goldene Konzept, das immer und überall passt. Im Gegenteil: Jedes Unternehmen muss seinen eigenen Weg finden und das geht oft nicht ohne Umwege. Einen Weg kann man aber nur finden, wenn man losläuft. Eines sollte man sich immer wieder klarmachen: **Nichts ist in Stein gemeißelt. Und auf alle Fragen gibt es nur eine Antwort: Probieren Sie es aus.**

Da wir genau das getan haben, kenne ich mittlerweile die zentralen Stellschrauben, die man in der Ideenkultur eines Unternehmens fester oder lockerer justieren kann – sei es auf der Ebene der Regeln oder durch entsprechende Einstellungen in der Umdenkfabrik. Hier sind sie.

### Wie ambitioniert?

In unserer Spielkultur haben wir zwei Ziele definiert: Pro Person eine Idee pro Monat, drei von vier Ideen sollen auch umgesetzt werden. Die Umsetzungsquote ist die wichtigste Kennzahl, weil man an ihr die Qualität der Ideenkultur erkennt. Unser erstes Ziel haben wir 2019 leicht verfehlt, das zweite weit übertroffen. Nun haben wir nicht erst gestern begonnen, unsere Ideenkultur zu entwickeln. Nur deshalb können unsere Ziele so ambitioniert sein. Wenn Sie in Ihrem Unternehmen zum Beispiel zum ersten Mal eine Innovationsoffensive starten, sollten Sie mit anderen Vorgaben loslegen. Ambitioniert können sie sein, aber eben auch realistisch. Ganz gleich, für welche Zielvorgaben man sich entscheidet: Die Umdenkfabrik lässt sich entsprechend konfigurieren.

## Wie eng ist der Korridor, wie groß die Erwartung?

Bei uns gilt: Eine Idee muss nicht unbedingt mit einer Leistungsverbesserung direkt im Unternehmen zu tun haben. Sie sehen das anders? Dann definieren Sie es für Ihre Ideenkultur anders. Einen Rat möchte ich aber geben: Überfordern Sie Ihre Mitarbeiterinnen und Mitarbeiter nicht mit überzogenen Erwartungen an die Genialität oder Größe einer Idee. Motivieren Sie sie stattdessen, auch scheinbar kleine Ideen und Verbesserungen einzureichen. Denn oft sind es genau solche Kleinigkeiten im Kundenservice oder in der Produktion, die eine erhebliche Wirkung entfalten können. Es geht in der Regel also um eine Evolution und nicht um eine Revolution. Und mit vielen kleinen Schritten kommt man genauso weit wie mit einem großen Sprung.

## Wie viel Kontrolle, wie viel Freiheit?

Diesen Punkt habe ich schon weiter oben angeschnitten: Indem Ideen bei uns nicht nur Vorschläge sind, die vor der Umsetzung durch andere bewertet, geprüft und freigegeben oder abgelehnt werden, leben wir den größtmöglichen Grad an Eigenverantwortung: Jeder ist der Hüter seiner eigenen Idee. Es gibt gute Gründe das zu tun und ich bin in dieser Hinsicht Überzeugungstäter. In Abwandlung eines Spruchs meines Vaters habe ich mir dies zum Motto gemacht: „Vertrauen ist gut ... ohne Kontrolle sogar besser." **Je größer das Vertrauen ist, desto größer ist der Raum für die Handlungsfreiheit der Einzelnen. Und Handlungsfreiheit ist der Treibstoff der Innovation.**

Aber natürlich weiß und verstehe ich, dass man das auch anders sehen kann. Dann sollte man es auch anders machen. Mein Tipp ist: Am besten tastet man sich langsam heran. So könnte man damit starten, dass eine Idee vor der Umsetzung durch den Chef oder die zuständige Führungskraft abgesegnet werden muss. Und wenn das Ganze ein halbes Jahr lang gut läuft, geht man einen Schritt hin zu mehr Eigenverantwortung. Mit der Umdenkfabrik ist das problemlos möglich. Bei uns ist der Ideentisch so konfiguriert, dass ein/e Ideengeber/in beim Status einer Idee nur die Option „geplant" oder „umgesetzt" wählt, andere Optionen gibt es nicht. Insofern könnte nicht mal ich als Chef dazwischengrätschen. Technisch ist es allerdings ganz leicht möglich, die Statusoptionen „freigegeben" und „abgelehnt" dazu zu schalten. Hier hat dann der/die jeweilige Mitarbeiter/in keine Zugriffsrechte, stattdessen ist – je nach Regelung – eine Führungskraft gefragt, die Idee zu sichten und zu bewerten. Damit erhöhen Sie die Kontrolle – auch so kann man starten. Einen Tipp habe ich hierzu: Wenn eine Idee abgelehnt wird, sollte dies immer gut begründet und vor allem wertschätzend getan werden. Denn: Kreativität lässt sich fördern, aber nicht erzwingen.

### Feedback erwünscht?

In einem Konzept, bei dem der Umsetzung einer Idee eine Freigabe vorausgeht, kann man die zeitliche Lücke nutzen und die Funktion „Feedback" freischalten. Damit eröffnet man eine Chance, auf die wir in unserer Ideenkultur verzichten: Andere Mitarbeiterinnen und Mitarbeiter können eine bereits eingereichte Idee kommentieren, erweitern oder kombinieren. Wer weiß, welche neuen Perspektiven und Möglichkeiten sich dadurch ergeben. Vielleicht wird die ursprünglich gute Idee hierdurch sogar zu einer sensationell guten Idee. Soweit die unbestreitbaren Vorteile. Natürlich ergibt sich hieraus auch ein Nachteil, nämlich die Gefahr, dass eine Idee zerredet wird bzw. sich eine eigentlich eindeutige Zuständigkeit verunklart – und letztlich gar nichts passiert.

### Wie teuer darf eine Idee sein?

Ich habe es schon gesagt: Bei uns darf ein/e Ideengeber/in seine/ihre Idee ohne weitere Freigabe umsetzen. Früher gab es allerdings eine Einschränkung: Wenn die Umsetzung der Idee mehr als 200 Euro kostet, wollte ich dann doch gefragt werden. Selbst diese Hürde ist inzwischen allerdings gefallen, weil ich gemerkt habe, wie sehr ich meinen Mitarbeiterinnen und Mitarbeitern vertrauen kann.

Auch diese Frage kann man natürlich anders angehen. Wenn Sie sich nicht sicher sind, dann fangen Sie mit einer niedrigen Grenze von 50 Euro an. Nach einem halben Jahr werden Sie mehr wissen. In der Umdenkfabrik lässt sich das automatisieren: Sie legen fest, ab welchem Betrag eine Freigabe erfolgen soll. Wird im Ideentisch in dem Feld „Was wird es kosten?" ein entsprechend hoher Betrag angegeben, schaltet das System für diese Idee automatisch in den Modus „Freigabe erforderlich". Natürlich lässt sich auch einstellen, dass Sie in einem solchen Fall automatisch benachrichtigt werden. Das verhindert, dass sich der Freigabeprozess unnötig verzögert. Übrigens habe ich im Laufe der Jahre eine interessante Erfahrung gemacht: Neun von zehn Ideen, die bei uns eingebracht und umgesetzt worden sind, haben gar nichts gekostet.

### Werden Ideen belohnt?

Das ist eine spannende, aber auch heikle Frage: Soll aus der Fülle der Ideen irgendwann eine beste Idee gekürt werden? Und soll der/die Ideengeber/in dafür belohnt werden? Wenn ja, womit: mit einem Obolus zusätzlich zum normalen Gehalt, einem attraktiven Geschenk oder einer eher symbolischen Auszeichnung? Wie man es auch macht, man sollte Folgendes mitbedenken: Wer legt fest, welche Idee am besten ist – und nach welchen Maßstäben? Könnte eine materielle Prämie Unfrieden stiften? Wie lässt sich eine Prämie aufteilen, wenn mehrere Personen an einer Idee beteiligt waren? Ich muss gestehen, dass ich zu der Frage der Belohnung keine feste Meinung habe. Bei uns haben wir das im Laufe der Jahre unterschiedlich gehandhabt. So gab es Zeiten, in denen das Team über die beste Idee des Monats abgestimmt hat (auch das lässt sich selbstverständlich über die Umdenkfabrik organisieren) und der/die gekürte Ideengeber/in ein monetäres Dankeschön erhalten hat. Im vergangenen Jahr haben wir einen anderen Weg eingeschlagen: Nun ging es uns darum, diejenigen zu belohnen, die mit einer faszinierenden Beständigkeit an Kreativität Monat für Monat ihre Ideen in die Umdenkfabrik einspeisen. Das, so der gemeinsame Beschluss, sollte sich fortan in barer Münze auszahlen.

Wer ein halbes Jahr lang jeden Monat mindestens eine eigene Idee umsetzt, erhält zum Gehalt bzw. Honorar einen festgelegten Aufschlag. Das probieren wir aktuell aus. Und wenn diese Variante vom Team nicht mehr gewollt wird oder sich der anspornende Effekt abgeschliffen hat, denken wir uns wieder etwas Neues aus. Wie auch immer man es macht: Bedeutsamer als Prämien für einzelne ist die ehrliche und wertschätzende Anerkennung für das ganze Team. Deshalb gibt es bei uns ja den schon beschriebenen Dorfbrunch, auf dem wir allen Ideen den „roten Teppich ausrollen".

## 3.4 Was die Umdenkfabrik (noch) alles kann

Über den Ideentisch sorgt die Umdenkfabrik für eine funktionierende Ideenkultur und eine kontinuierliche Verbesserungsdynamik. Er ist das perfekte Werkzeug, um den Innovationsprozess in kleinen und mittleren Unternehmen in Bewegung zu setzen und in Gang zu halten. Doch die Umdenkfabrik ist mehr als der Ideentisch. Sie verfügt über weitere Tools, die positiven Schwung und effiziente Formen der Kommunikation in ein Unternehmen bringen. Hier ein Überblick über die Palette der Werkzeuge, die alle dazu beitragen, das Neue zu gestalten, statt nur Gewohntes zu verwalten.

### Nachrichtenbrett: Was Zukunftsgestalter inspiriert

Das Grundprinzip der Umdenkfabrik ist es, Prozesse schnell, unkompliziert und unbürokratisch zu strukturieren. Dazu zählt, einen schnellen, unkomplizierten und unbürokratischen Informationsfluss in dem Unternehmen bzw. der Organisation zu gewährleisten und Kommunikationswege so einfach wie möglich zu gestalten. Das „Nachrichtenbrett" leistet genau das: Hier können Nachrichten wie an einem schwarzen Brett für alle platziert werden, ebenso können gezielt nur bestimmte Teams oder einzelne Kolleginnen und Kollegen informiert werden – schnell und sicher. So erhält jeder gewünschte

Adressat per E-Mail oder SMS eine Information „Nachricht empfangen". An welcher Idee arbeiten meine Kolleginnen und Kollegen gerade? Wer hat eine wichtige Mitteilung für mich? Wo gibt es noch Abstimmungsbedarf im Team? Wer kümmert sich um die Umsetzung unserer Idee des Monats? Das Nachrichtenbrett der Umdenkfabrik verbindet alle Mitglieder eines Teams, einer Abteilung oder des gesamten Unternehmens miteinander und unterstützt einen effizienten Austausch.

*Praxistipp: Dank der Speicherfunktionen sind alle Vorschläge und Vorgänge jederzeit einsehbar. Bei Bedarf können einzelne Aktivitäten auch ausgedruckt werden.*

## Logbuch: Klare Sicht auf die Veränderung

Unternehmen, die mehr bewegen wollen, müssen auch ihre interne Kommunikation vereinfachen und beleben. Während das Nachrichtenbrett für die direkte und aktuelle Kommunikation ausgelegt ist, ist das „Logbuch" so etwas wie der zentrale Speicher bzw. das Informationsarchiv. Mit Hilfe des Logbuchs können sich alle Mitarbeitenden schnell einen Überblick verschaffen: Was wurde im letzten Team-Meeting besprochen? Wer hat wann welche Idee eingereicht – und wo stecken die interessantesten Ansatzpunkte für Veränderungen? Mit wenigen Klicks lassen sich Berichte downloaden oder kritische Punkte näher beleuchten. Und selbst, wenn bestimmte Diskussionen oder Vereinbarungen schon längere Zeit zurückliegen, kann man sich hier schnell auf den aktuellen Stand bringen.

*Praxistipp: Auch Mitarbeiterinnen und Mitarbeiter, die gerade krank sind oder im Urlaub, bleiben jederzeit auf dem Laufenden.*

## Ideentisch: Der beste Platz für gute Vorschläge

Als Herzstück der Umdenkfabrik und zentrales Tool einer aktiven Ideenkultur, habe ich den „Ideentisch" oben ausführlich vorgestellt. Hier kann jeder frische Gedanken auftischen, die helfen, Kosten zu senken, neue Marktsegmente zu erobern oder etwas zu verbessern. Damit ist er die beste Prävention gegen die gefährliche „Betriebsblindheit".

### Statistikschalter: Zwischen den Zahlen lesen

Jeder Schritt nach vorn braucht den Blick zurück. Denn ohne Reflektion dessen, was war und ist, kann man die Zukunft nicht gestalten. In der Umdenkfabrik sind alle bisherigen Ideen und ihre Umsetzungsergebnisse transparent gespeichert. Vor allem – das habe ich schon weiter oben beschrieben – liefert der Statistikschalter wunderbare Kennzahlen, mit denen man sich schnell einen Eindruck vom aktuellen Stand und von Entwicklungstrends verschaffen kann. Meine Erfahrung ist: Man braucht nicht viele verschiedene Kennzahlen, aber einige wichtige braucht man unbedingt. Wie viele Ideen wurden abgegeben? Wie hoch ist die durchschnittliche Erfolgsquote bei der Umsetzung? Welche Ideen haben das beste Feedback erhalten? Mit dem Statistikschalter muss man sich keineswegs auf Daten zum unmittelbaren Ideenmanagement beschränken, auch andere Übersichten können hier überschaubar aufgerufen werden. Bei uns zeigt der Statistikschalter zum Beispiel für alle transparent an, wer wie viele Urlaubs- und Krankheitstage hat.

*Praxistipp: Die Qualität eines Ideenmanagements erkennt man vor allem an der Umsetzungsquote. Gut ist es, wenn die Erfolgsquote aller Ideen über 75 Prozent liegt. Wo man genau liegt? Der Statistikschalter zeigt es auf einen Blick.*

### Personalentwickler: Sehen, wohin die Reise geht

Die entscheidende Frage für eine lebendige Ideenkultur lautet: Identifizieren sich alle Mitarbeiterinnen und Mitarbeiter mit den Unternehmenszielen? Und: Können sie ihre Fähigkeiten bestmöglich dafür einbringen? Die Umdenkfabrik ist auch dafür ausgestattet, die Personalarbeit gezielt zu unterstützen. Ich führe mit jedem/jeder Mitarbeitenden mindestens alle sechs Monate ein Orientierungs- bzw. Personalentwicklungsgespräch. Diesen regelmäßigen Austausch halte ich für eine meiner wichtigsten Aufgaben als Unternehmer, denn nur so bleibe ich im Bilde, ob ein(e) Mitarbeiter(in) sich so wohlfühlt, dass er/sie auch Spitzenleistungen abliefern kann, oder ob da etwas hakt. Wie aber führt man diese Gespräche? Das Tool „Personalentwickler" der Umdenkfabrik ist dabei für mich von zentraler Bedeutung. In dem Tool werden die Termine geplant und jedes Orientierungsgespräch wird anschließend in einer kurzen Notiz gespeichert. Diese kann jederzeit vom betreffenden Mitarbeiter bzw. der betreffenden Mitarbeiterin und den zuständigen Führungskräften eingesehen werden. Jetzt aber kommt der Clou: Ich habe die Erfahrung gemacht, dass solche Gespräche nicht immer so produktiv verlaufen wie erhofft, zum Beispiel, weil beide Seiten nicht genau wissen, worüber sie eigentlich sprechen wollen. Wird nur allgemeines Blabla ausgetauscht, sind solche Gespräche pure Zeitvergeudung. Deshalb habe ich eine Technik entwickelt, die sich mit der Umdenkfabrik perfekt realisieren lässt: Der jeweilige Mitarbeiter bzw. die jeweilige Mitarbeiterin gibt über das Tool „Personalentwickler" im Vorfeld des anstehenden Gesprächs eine Einschätzung über seine Leistung in allen relevanten Arbeitsbereichen ab. Sei es Flexibilität, Fortbildungsinteresse oder Innovationsfreudigkeit – überall gibt er sich Schulnoten. Unabhängig davon mache ich das gleiche, auch ich schätze seine Leistung ein. In der Umdenkfabrik werden die Bewertungen von beiden Seiten dann anschaulich übereinandergelegt und diese Grafik bildet die Grundlage des Orientierungsgespräches. Denn in ihr liegen die spannenden Themen sichtbar vor – und manche werden gerade erst durch die Diskrepanz in der Bewertung sichtbar. Ein Beispiel: Wenn ein(e) Mitarbeiter(in) sein Auftreten gegenüber Kunden eher schlecht, der Teamleiter es hingegen recht positiv einschätzt, ist das ein Anlass, um über Fragen der Selbstwahrnehmung, des Selbstvertrauens oder über Unsicherheiten in der Kommunikation zu sprechen. Kurzum: Die beidseitige Leistungseinschätzung hilft enorm, um Entwicklungspotenziale abzuleiten und im Orientierungsgespräch die nächsten Ziele für den Mitarbeiter bzw. die Mitarbeiterin zu stecken (z. B. mehr Verantwortung, Weiterbildungsmaßnahmen etc.).

*Praxistipp:* *Vermeiden Sie Orientierungs- und Personalentwicklungsgespräche, in denen alle um den heißen Brei herumreden. Der Vergleich von Selbst- und Fremdeinschätzung sorgt für einen produktiven Austausch.*

## Stimmungsbarometer: Die Betriebsklimavorhersage

Gute Ideen kommen von motivierten Mitarbeiterinnen und Mitarbeitern. Wie aber steht es um die aktuelle Stimmung im Unternehmen? Ein Unternehmen kann sich selbst nur dann gegen Fehlentwicklungen und Gefahren schützen, wenn es sich seiner eigenen Schwachstellen bewusst ist. Das „Stimmungsbarometer" der Umdenkfabrik ist ein wertvoller Gradmesser. Bei uns klicken sich sämtliche Mitarbeiterinnen und Mitarbeiter alle drei Monate auf der Umdenkfabrik durch einen Fragebogen und bewerten alle bestimmenden Einflussfaktoren ihrer Arbeitsumgebung – von der Atmosphäre über die Ausstattung am Arbeitsplatz, Gehalt und Sozialleistungen, Weiterbildungsmöglichkeiten bis hin zum Verhalten der Vorgesetzten. Tragen die Führungskräfte zu Konfliktlösungen bei? Werden Leistungen anerkannt? Wie steht es um die Stimmung im Unternehmen und wie wird das Image von außen beurteilt? All das sind wichtige Fragen, die zu wertvollen Erkenntnissen führen. Auf diese Weise ergibt sich ein Barometer, an dem man ablesen kann, was die Stimmung runterzieht oder hebt und welche Verbesserungsvorschläge gemacht werden. Letztlich gehört auch das zu unserer Ideenkultur. Denn mit ihren Einschätzungen und Beurteilungen geben die Mitarbeitenden direkt oder indirekt immer auch wichtige Hinweise, was wie besser laufen könnte und sollte. Legen Sie selbst die Frequenz der Umfrage fest, ob monatlich, quartalsweise oder alle sechs Monate. Wichtig ist nur: Machen Sie es nicht nur einmal, sondern regelmäßig. Denn die Veränderungen im Barometer liefern oft die wertvollsten Hinweise.

*Praxistipp:* *Die Umdenkfabrik ist extrem flexibel. Natürlich können Sie die Themenfelder und Fragestellungen genau auf Ihren Betrieb anpassen.*

So, jetzt kennen Sie die wichtigsten Funktionen der Umdenkfabrik. Nun mal Hand aufs Herz: Wie wird all das bei Ihnen im Unternehmen organisiert? Wie viele Leute, wie viele Listen und wie viele Zugänge, Ablagen, Systeme sind im Einsatz, um diese Bandbreite an Bereichen zu organisieren? Und leisten Ihre Systeme alle zusammen das, was die Umdenkfabrik ermöglicht – in der gleich schnellen, unbürokratischen und für alle transparenten Weise?

Ich kann nur sagen: Ohne die Umdenkfabrik wäre die Fischer Academy nicht zu dem geworden, was sie heute ist. Sie ist unsere zentrale Innovationsplattform, die das kreative Potenzial aller Beteiligten herauskitzelt und unser Unternehmen fit für die Zukunft macht. Es ist eine IT-Lösung, die bei uns aus der Praxis heraus entwickelt wurde und sich seit vielen Jahren in unserer alltäglichen Arbeit bewähren muss. Dabei war die Umdenkfabrik selbst Gegenstand von Umdenkprozessen: Wir haben entfernt, was sich als unpraktisch herausgestellt hat, und dort ergänzt, wo noch etwas gefehlt hat. Hinzu kommt: Längst ist die Umdenkfabrik auch in anderen Betrieben und Organisationen im Einsatz. Erfahrungen, die dort gemacht wurden, haben wir als Anregungen aufgenommen und für die weitere Optimierung der Tools benutzt. Die Umdenkfabrik ist also rundherum praxiserprobt. Von all dem profitiert, wer die Umdenkfabrik jetzt in sein Unternehmen integriert. Natürlich kann die Plattform nach eigenen Bedarfen, Vorstellungen und Wünschen konfiguriert und angepasst werden. Ob man zum Beispiel gleich zu Beginn alle Module freischaltet und welche Funktion wie definiert wird – alles lässt sich entsprechend anpassen. Denn genau darum geht es ja: **Die Umdenkfabrik baut Bürokratie ab und erleichtert die Arbeit. Sie ist ein fantastisches Anti-Aging-Programm für Betriebe.** Eines aber sollten Sie nicht vergessen: Der Einsatz der Umdenkfabrik führt nicht automatisch dazu, dass plötzlich alle kreativ und mit vollem Eifer bei der Sache sind. Die Technik ist nur das Gerüst – gebaut wird das Haus von den Mitarbeiterinnen und Mitarbeitern. Dafür braucht es Geduld, Vertrauen und die Überzeugung, dass es gelingen wird. Dann wird es auch gelingen.

# 4. Erfolgreich umgedacht: Die Früchte der Ideenkultur

## 4.1 Vier von vielen: Verdammt gute Ideen

Ideenkultur, Innovationsmanagement, Verbesserungsprozess. Diese Begriffe habe ich allein in diesem Buch schon wieder dutzende Male verwendet. Doch ganz gleich, wie oft ich es tue: Sie sind und bleiben abstrakt. Man versteht sie zwar und weiß auch, was man sich darunter vorstellen kann. Aber spürt man wirklich, was sie bedeuten und bewirken? Darum geht es hier aber; um die bewegende Kraft von Veränderungen. Bei jeder Idee, die entsteht, umgesetzt und zu einer neuen Realität wird, sind konkrete Menschen beteiligt. Immer kommt bei einem Menschen irgendwann, vielleicht passiert es während einer Besprechung, vielleicht mitten in der Nacht zuhause im Bett, ein zuvor noch nicht gedachter Gedanke auf: „Hey, ich könnte das doch einmal so probieren". Und immer gibt es den Moment, in dem dieser Mensch den Gedanken in eine Tat umsetzt – gespannt, ob es klappen wird, erfreut, wenn es das tut, und wahrscheinlich ein bisschen stolz, wenn andere merken, wie gut seine Idee ist und lobende Worte finden.

Was ich damit sagen will: Innovationen können ein Unternehmen besser und erfolgreicher machen. Aber sie sind nie nur betriebswirtschaftliche Größe à la eingesparte Kosten, beschleunigte Workflows oder erhöhter Umsatz. Sie sind immer viel mehr als das, nämlich individuelle Taten und soziale Beziehungen. Unterschätzen Sie nie diese Dimension: **Je mehr Ideenkultur in einem Unternehmen ist, umso mehr Leben, Frische und Kraft stecken in ihm.**

Ich habe mir überlegt, wie man die abstrakten Begriffe aus ihren diffusen Bedeutungswolken herausholen kann. Die Antwort ist ganz einfach: Ich werde von einigen bei uns umgesetzten Ideen erzählen! Wie sie entstanden sind, wie sie umgesetzt wurden, was sie bewirkt haben. Eine Auswahl zu treffen, war nicht leicht, schließlich sind in der Fischer Academy Hunderte, ja Tausende Ideen von Mitarbeiterinnen und Mitarbeitern Wirklichkeit geworden. Die vier, für die ich mich letztlich entschieden habe, bilden einen guten Querschnitt, um zu zeigen, was bei uns los ist.

## Idee 1
### Nerven, Zeit und Kosten sparen: Teamsitzung mal anders

Es ist erst wenige Jahre her, da fanden bei uns jeden Montag ab 8 Uhr die berühmt-berüchtigten Teamsitzungen statt. Angesetzt waren sie für eine Stunde, doch fast immer dauerten sie länger. Teilnahme war Pflicht, für jede und jeden. Es waren also alle da, aber geredet hat eigentlich nur einer: ich. Nicht alles, was ich erzählt habe, war unerheblich und uninteressant. Aber vieles hätte man sich bzw. hätte ich allen anderen auch ersparen können. Allzu oft waren es hammerschwingende Besprechungen, ohne Struktur und Ziel, mit wenig Erfolg und unfassbar demotivierend. Kurzum: Diese Meetings waren enorme Produktivitätsvernichter. Sie haben Nerven und Zeit gekostet – und das Unternehmen viel Geld. Irgendwann habe ich das einmal ausgerechnet, bei vier Sitzungen im Monat mit 22 Teilnehmern liefen Kosten von knapp 50.000 Euro im Jahr an. Wofür? Damit ich alle vollquatsche und gleichzeitig mein gesamtes Team frustriere?

Mein Glück war damals, das ich aufgrund meiner vielen unternehmerischen Tätigkeiten Aufgaben abgeben musste. Eine Mitarbeiterin übernahm eine neue Führungsrolle und damit auch die Zuständigkeit für die „Horror-Meetings" am Montagmorgen. Dem Himmel sei Dank! Denn diese Mitarbeiterin war bereit umzudenken und setzte eine ihrer Ideen sofort in die Tat um: Sie halbierte die Zahl der festen Meetings, verkürzte die Zeit auf eine halbe Stunde und sorgte dafür, dass nicht nur einer spricht, sondern sich alle einbringen. Vieles wurde von dem großen Meeting dorthin ausgelagert, wo es hingehört: in die Kommunikation derjenigen, die das fragliche Thema wirklich angehen. Außerdem fließen Informationen und Kommunikationen verstärkt über den Dienst-Chat und die Umdenkfabrik.

Kurzum: Alles wurde besser. Und niemand ist sonntagabends beim Gedanken an den nächsten Morgen frustriert. Möglich wurde das, weil jemand bereit, mutig und entschlossen genug war, alte Zöpfe abzuschneiden und Neues zu wagen.

## Idee 2
### Entscheidungen dorthin verlagern, wo sie hingehören

Wenn bei uns für die Ausbildung von Kraftfahrern ein neuer Lkw bestellt werden muss, geht es um eine Summe von 130.000 Euro. Für ein mittelständisches Unternehmen ist das kein Pappenstiel. Früher habe ich als Chef mit dem Händler über Kosten, Modelle und Ausstattungen verhandelt. Das Problem ist: Ich kenn mich mit Autos aus, von Lkws habe ich keine Ahnung. Also habe ich jedes Mal Tage damit verbracht, mich schlau zu machen. Irgendwann kam die Frage auf, warum ich das eigentlich mache – und schnell entstand die Idee, es anders zu probieren. Heute kaufe ich keine Lkws mehr. Das machen andere aus meinem Unternehmen, nämlich die Fahrlehrer, die täglich mit Lkws zu tun haben. Sie entscheiden über das Budget und die Ausstattung und verhandeln mit dem Händler. Ich unterschreibe nur noch den Vertrag. Natürlich haben wir damit unsere „Effizienz" gesteigert: Ich spare Zeit und wir bekommen genau die Ausstattung, die wir benötigen. Doch es geht um viel mehr. Die Tatsache, dass die Fahrlehrer eigenmächtig handeln und entscheiden, zeigt, dass ich ihnen vertraue. Und in diesem Vertrauen drückt sich eine Wertschätzung aus – gegenüber ihrem Wissen und ihrem Einsatz für das Unternehmen. Vertrauen und Wertschätzung sind zwei Prinzipien, die bei uns eine zentrale Rolle spielen. Die Geschichte dieser Idee steht also auch dafür, wie man ein Unternehmen anders und für alle besser führen kann.

Idee 3
### Wir halten junge Leute mobil: Fischer2go

Viele unsere Fahrschülerinnen und -schüler haben nach der bestandenen Prüfung zwar einen Führerschein, aber kein Auto. Sie können sich auch keines leisten oder höchstens eine alte Karre. Und das Auto von Mama oder Papa dürfen sie nur gelegentlich benutzen. Für die jungen Leute ist das bedauerlich. Es ist aber auch unter dem Gesichtspunkt der Verkehrssicherheit alles andere als gut. Damit Fahranfängerinnen und -anfänger die nötigen Routinen beim Fahren und im Verkehr bekommen, sollten sie „am Ball", also hinterm Steuer, bleiben und weitere Fahrpraxis erwerben. Wer nach der Prüfung ein halbes Jahr lang kaum gefahren ist und dann losfährt, ist im Grunde ein Sicherheitsrisiko. Eine Idee aus unserer Ideenkultur hilft, diese Probleme zu lösen: Fischer2go hält unsere erfolgreichen Fahrschülerinnen und -schüler in Gera mobil. Wir haben mehrere Autos angeschafft, die in der Stadt verteilt stehen und die sie mieten können, wenn sie ein Auto brauchen. Das Ganze funktioniert per Handy, ist supereinfach und hat viele Vorteile: Die jungen Leute haben jederzeit Zugriff auf ein Auto und sie gewinnen die für ihre Sicherheit am Steuer so wichtige Fahrpraxis. Für uns reicht es wirtschaftlich schon, wenn wir bei Fischer2go kein Geld drauflegen. Denn: Wir tun den jungen Leuten etwas Gutes, wir bleiben positiv im Gespräch und sind mit unseren Fischer2go-Autos in der Stadt präsent. Perfekt!

Idee 4
### Um die Ecke gewirkt: Regelmäßige Blutdruckmessungen

Welche Wirkung eine Idee haben kann, ist nicht immer von Anfang an klar. Ich erinnere mich noch gut daran, als einer unserer Fahrlehrer den Vorschlag machte, ein Blutdruckmessgerät zu kaufen. Naja, dachte ich, ist das nicht nur was für alte Leute? Aber egal, soll er halt mal machen, es kostet ja nicht viel. Doch Olaf – so heißt der Fahrlehrer – hatte weiter gedacht als ich. Er wusste nämlich ganz genau, dass viele Fahrlehrer (hier sind sie Brummi-Fahrern durchaus ähnlich) sich nicht gesund ernähren. Und weil der Blutdruck ein wichtiger Anzeiger des Gesundheitszustandes ist, kam Olaf auf die Idee, diesen bei uns im Betrieb regelmäßig messen zu lassen. Neben dem Gerät besorgte er Messpässe, in die man nach jeder Messung den Wert einträgt und so einen Kurvenverlauf erhält. Vor allem aber sorgte Olaf dafür, dass das gesamte Team an seinem „betrieblichen Gesundheitsmanagement" mitmachte. Bei einem, durchaus sehr korpulenten Mitarbeiter zeigte das Gerät gleich bei der ersten Messung merkwürdige Werte an. War es etwa schon kaputt? Oder hatten wir uns einfach vermessen? Der betreffende Mitarbeiter wollte es gar nicht so genau wissen. Lieber entzog er sich der Situation so schnell es ging. Mir war allerdings aufgefallen, dass er kreidebleich geworden war.

Am nächsten Tag kam er in mein Büro und legte mir eine Tüte vor. Sie war prall gefüllt mit Red Bull-Dosen. Er erzählte, dass die extrem süße Brause quasi sein Hauptnahrungsmittel sei. Das gestrige Erlebnis habe ihm die Augen geöffnet: So könne es nicht weitergehen, er wolle einen Schnitt machen. Und siehe da, er hat es geschafft. Binnen vier Monaten hat er damals 30 Kilogramm abgenommen und seither sein Verhalten wirklich dauerhaft umgestellt. Ausgelöst wurde das von einer kleinen Idee. Womöglich hat mir diese Idee Geld gespart, weil der Fahrlehrer mit hoher Wahrscheinlichkeit krank und kränker geworden wäre. Man kann es aber auch anders sagen: Wahrscheinlich hat diese kleine Idee ein Leben gerettet.

## 4.2 Mitarbeiter? Mitgestalter!

Verstehen Sie nun, was ich mit dem Satz meinte, dass Ideen Leben in ein Unternehmen bringen? Sie verändern die Arbeit, aber auch das Miteinander. Und sie vermitteln den Ideengebern das Gefühl, Teil des Ganzen zu sein bzw. das Ganze mitgestalten zu können. Sie werden von Mitarbeiterinnen und Mitarbeitern zu Mitgestaltern. Es geht bei einer lebendigen Ideenkultur also immer auch um das Selbstwertgefühl jedes Einzelnen. Um die Bereitschaft, sich einzubringen. Um Zufriedenheit. Letztlich um Glück.

Ich habe überlegt, wie ich überzeugend belegen kann, dass meine Mitarbeiterinnen und Mitarbeiter unsere Ideenkultur tatsächlich so schätzen wie ich behaupte. Wie aber macht man das? Ich könnte nun objektive Zahlen über die wirklich niedrige Fluktuationsrate bei uns vorlegen. Oder ich könnte darauf verweisen, wie wenig Krankheitstage das ganze Team im Durchschnitt jedes Jahr aufweist. Ich persönlich glaube ja, dass dies einer der besten Anzeiger für das Betriebsklima ist: Wer sich bei der Arbeit wohlfühlt, wird seltener krank. Und wer auf der Arbeit fair behandelt und ernst genommen wird sowie sich als Teil des Ganzen empfindet, macht auch nicht krank. So einfach ist das. Doch statt solch objektiver Zahlen lasse ich lieber subjektive Stimmen sprechen.

Wie in Kapitel 3 in dem Absatz über das Stimmungsbarometer der Umdenkfabrik schon gesagt, will ich von meinen Mitarbeiterinnen und Mitarbeitern nicht nur immer neue Ideen haben. Ich möchte regelmäßig auch wissen, wie es ihnen bei uns geht und wie sie dieses und jenes einschätzen. Jüngst habe ich wieder einmal eine Umfrage gestartet: Alle sollten mir eine

Rückmeldung geben, was sie von dem Ideentisch der Umdenkfabrik halten – sei es von dem technischen Tool oder von der dahinterliegenden Innovationskultur. Die Antworten sagen vermutlich mehr als alle Worte, die ich finden könnte. Daher hier einige der Rückmeldungen meiner Mitarbeiterinnen und Mitarbeiter:

Nancy (Marketingabteilung):

„Für mich ist kreative Entfaltung eine Grundvoraussetzung für einen glücklichen Arbeitsplatz. Das Geile hier ist, dass ich ausprobieren kann, ohne ständig nachfragen zu müssen."

Janine (Abteilung Buchhaltung):

„Ich finde gut, dass ich die Ideen der anderen nachlesen und mich an der Umsetzung von Neuem beteiligen kann."

Elke (Abteilung Wohlbefinden):

„Am liebsten mache ich mir darüber Gedanken, was ich für meine Gäste und Kollegen backen kann. Ich kann mein Backtalent hier voll ausleben."

Olli (Abteilung Lkw- Ausbildung):

„Für mich ist es ein gutes Gefühl, mitgestalten zu dürfen. Ich fühle mich manchmal selbst wie ein Unternehmer."

Marco (Abteilung Fahrschulinternat-Ausbildung):

„Ich bin ein Gegner des Frontalunterrichtes und liebe Gruppenarbeit. Mit der Umdenkfabrik kann ich meine Ideen – zum Beispiel „Mit Fahrschülern gemeinsam kochen, essen und leben" – voll ausleben. Mir macht das total viel Spaß."

Johan (Abteilung Kundenberatung):

„Der Aufbau der Umdenkfabrik ist super einfach. Ich kann meine Ideen einfach eingeben, sehe meine Urlaubstage, sehe die Anzahl der Anmeldung und kann jederzeit meine persönliche Stimmung im Stimmungsbarometer abgeben."

Christian (Abteilung IT):

„Der größte Vorteil ist, dass ich meine Ideen einbringen und umsetzen kann. In den Betrieben, in denen ich bisher beschäftigt war, hat meine Verbesserungsvorschläge niemanden interessiert."

Siggi (Abteilung Lkw-Ausbildung):

„Wenn ich merke, da stimmt etwas nicht, kann ich das alleine oder mit anderen aus dem Team sofort ändern. Ich muss keinen Vorgesetzen fragen. Einfach spitze."

Udo (Abteilung PKW-Ausbildung):

„Manchmal fällt es mir schwer, jeden Monat eine Idee einzubringen und umzusetzen. Es ist aber ein gutes Gefühl, es jederzeit machen zu dürfen, wenn man will."

Maria (Abteilung BKF-Ausbildung):

„Erst im letzten Monat habe ich beim DorfBrunch meine neue Checkliste für die Anmeldung zum ADR vorgestellt. Alle waren begeistert. Ich fühle mich dadurch ernst genommen."

Winni (Abteilung PKW-Ausbildung):

„Ich bin jetzt 25 Jahre dabei. Wenn ich mir es genau überlege, muss ich sagen: Die Umdenkfabrik hat uns dahin gebracht, wo wir heute sind."

## 4.3 Wissenschaftlich bestätigt: TOP-Entwicklungen

Vor ungefähr zehn Jahren habe ich mir folgende Frage gestellt: Mike, Du bist so stolz auf die Innovationspower der Fischer Academy und auf die tollen Zahlen, die dir im Statistikschalter angezeigt werden. Aber was ist, wenn der Eindruck trügt? Vielleicht betrachtest du das Ganze so sehr aus deinem Innenblick, dass du auf diese Weise betriebsblind geworden bist? Dieser Gedanke hat mich unruhig gemacht. Ich kam auf die Idee, andere auf die Fischer Academy schauen zu lassen und unsere Ideenkultur dem kritisch-prüfenden Blick von wissenschaftlichen Experten auszusetzen. Man lernt ja nie aus. Ich wollte herausfinden, welche Qualität unsere Ideenkultur wirklich hat und welches Verbesserungspotenziale noch vorhabenden sind.

So kam es, dass wir uns 2012 zum ersten Mal dem Innovationswettbewerb TOP 100 gestellt haben.[6] TOP 100 ist die einzige unabhängige Auszeichnung für Innovationsmanagement in mittelständischen Unternehmen in Deutschland. Der Weg in die TOP 100 ist methodisch fundiert. Darüber, welche Unternehmen ausgezeichnet werden, entscheiden allein Prof. Dr. Nikolaus Franke vom Institut für Entrepreneurship und Innovation der Wirtschaftsuniversität Wien und sein Team. Gekürt und feierlich ausgezeichnet werden die TOP 100 dann vom „manager magazin" und dem Mentor Ranga Yogeshwar. Gleich bei unserer ersten Teilnahme haben wir es geschafft: Wir sind als einer der 100 innovativsten mittelständischen Unternehmen Deutschlands ausgezeichnet worden.

Ausschlaggebend ist letztlich, welchen Innovationsquotienten man erreicht. Ein „IQ" von 100 bedeutet Durchschnitt, jeder Wert über 100 zeigt an, dass das Unternehmen gegenüber seiner natürlichen Referenzgruppe über ein überlegenes Innovationsmanagement verfügt. Uns wurde ein Innovationsquotient von 226 zugesprochen. 226! Das war unfassbar und zeigte, dass sich die vielen Veränderungen in den vorangegangenen Jahren gelohnt hatten. Das hat mich sehr stolz gemacht. Es hat aber auch meinen Ehrgeiz geweckt.

---

[6] Mehr über den Wettbewerb unter www.top100.de.

Vor allem ein Satz in der Innovationsbilanz machte mich hellhörig. „Die Wahrscheinlichkeit künftiger Innovationserfolge ist sehr hoch." Aber würden innovative Unternehmen auch in Zukunft innovativ bleiben? Genau das ist ja mein Ziel. Ich will nicht nur einmal einen tollen Einfall haben, sondern alles darauf ausrichten, dass der Ideenstrom statt abzuebben immer weiter fließt. **Nicht innovativ zu sein, sondern innovativ zu bleiben bzw. noch innovativer zu werden – das ist mein Ansporn.**

Sechs Jahre später war es soweit. Zum zweiten Mal nahm die Fischer Academy an dem Wettbewerb Top 100 teil. Das Ergebnis übertraf meine kühnsten Erwartungen. Wie verteidigten unseren Titel. Aber wie?! Die Autoren der Fortschrittsbilanz drücken es so aus:

*Die Fischer Academy GmbH wird 2018 bereits zum zweiten Mal innerhalb der letzten zehn Jahre mit dem TOP 100-Qualitätssiegel ausgezeichnet. Der aktuelle Innovationsquotient (IQ) von Fischer Academy GmbH beträgt 246. Dieser Wert ist außerordentlich hoch und weist auf einen weit überdurchschnittlich hohen Professionalisierungsgrad des Innovationsmanagements hin. Die Fischer Academy GmbH verfügt über Strukturen, die weit innovationsorientierter sind als es von einem normalen Unternehmen vergleichbarer Größe und Branche erwartbar wäre."*

Unser Innovationsmanagement wurde mit dem Wert „A+" geratet. Selbst unter den 100 ausgezeichneten Unternehmen ist der Durchschnittswert lediglich A. Das bedeutet: Wir waren besser als die meisten anderen der TOP 100. Noch überwältigender war ich von den Veränderungen, die wir seit 2012 offensichtlich erreicht haben: Mit einem Innovationsquotienten von 246 Punkten bescheinigte uns die Jury 2018 eine Verbesserung unseres Ergebnisses um noch einmal 20 Punkte. Dazu muss man wissen, dass es drei positive Entwicklungskategorien gibt: -5 bis +5 Punkte bedeutet „Verteidigung der Innovationsleistung", +5 bis +10 Punkte „Ausbau der Innovationsleistung" und +10 bis +20 „radikale Steigerung der Innovationsleistung". Wir haben also das Maximum der bestmöglichen Entwicklung geschafft.

TOP 100 der innovativsten Unternehmen in Deutschland

Ich möchte Sie nicht mit weiteren Details langenweilen. Falls Sie es genauer wissen wollen, haben wir Ihnen unter diesem QR-Code die wissenschaftliche Innovationbilanz und die Fortschrittsbilanz der Fischer Academy GmbH bei dem TOP100-Wettbewerb aus dem Jahr 2018 bereitgestellt.

## 4.4 Wo wir stehen? Wir bewegen uns

Ungefähr im Jahr 2002 habe ich den verstaubten roten Ordner in meinem Büro entdeckt. Ausgehend von dieser frustrierenden Erfahrung haben wir uns auf eine Innovationsreise begeben, die bis heute anhält. Und manchmal staune ich selbst, wohin sie uns geführt hat. Wenn ich die Fischer Academy von damals mit der von heute vergleiche, sehe ich zwei völlig unterschiedliche Unternehmen vor mir. Klar, wir sind eine Fahrschule geblieben und noch immer am gleichen Ort in der Heinrichstraße 86 in Gera ansässig. Aber sonst? Längst ist aus den *zwei Etagen und dem Dutzend Parkplätzen*, die wir damals benötigt haben, das FischerDorf geworden. Dieses umfasst nicht nur weitere Gebäude, Räume und Flächen, sondern auch neue Angebote und Konzepte. Wir sind eine der umsatzstärksten Fahrschulen in Deutschland und die bundesweit einzige mit einem Fahrschulinternat. Wir haben ein extrem frisches Marketing und sind in den sozialen Medien einzigartig gut platziert. Zu den Angeboten, die wir erfunden haben bzw. die man nur bei uns findet, gehören die Online-Trainingsplattform Coachy und der Onlinevertrieb von Fahrschulgutscheinen. Unser Pizzadienst ist einer der größten im Lande und mit dem Institut für autonomes Fahren sind wir ganz nah dran an den Herausforderungen der Zukunft.

Ganz klar ist: Wir haben innovative Produkte und Services im Angebot. Unsere mit Abstand wichtigste Innovation aber ist eine andere. Sie liegt darin, dass wir alte Zöpfe abgeschnitten und uns getraut haben, eine ganz neue Art der Zusammenarbeit und der Arbeitsorganisation zu entwickeln. Wir haben in den vergangenen knapp 20 Jahren jeden Stein im Unternehmen umgedreht, alles hinterfragt und neu zusammengesetzt. Konsequent leben wir eine Unternehmenskultur, die die Mitarbeiterinnen und Mitarbeiter sowie ihre Potenziale in den Mittelpunkt stellt – zum Wohle der Einzelnen und zum Wohle des Unternehmens.

Jeder Mensch kommt doch mit zwei grundlegenden Bedürfnissen auf die Welt: Er will mit anderen verbunden sein und er will wachsen dürfen. Wird eines davon verwehrt, werden Menschen frustriert und leidenschaftslos.

Die Folge in der Berufswelt ist: Sie machen Dienst nach Vorschrift und Stagnation setzt ein. Genau das gilt es zu verhindern. Deswegen setzten wir in allem, was wir tun, auf das genaue Gegenteil: **Wir wollen Wachstum und Verbundenheit zulassen, ermöglichen und fördern. Denn daraus entsteht das Gefühl von Sinn und Bedeutsamkeit, dass letztendlich für alle am Unternehmen Beteiligten nur eins bedeuten kann: Glück.**

Unsere Ideenkultur und die Umdenkfabrik sind Ausdruck dieses Weges – und gleichzeitig haben sie uns auf diesem Weg vorangebracht. Sie haben uns angehalten, nicht nachzulassen; sie haben strukturiert, was ansonsten vielleicht zerfasert wäre; und sie haben dem Ganzen eine ungeheure Schubkraft verliehen. Wenn ich also sagen sollte, wo wir heute stehen, dann wäre meine Antwort: Wir stehen gar nicht. Wie sind schon wieder weiter, weil wir ständig in Bewegung sind und bleiben. Denn das ist das wirklich Schöne an einer solchen Innovationsreise: Sie endet nicht. Und während des Reisens kann man ungeheuer spannende Erfahrungen machen. Glauben Sie mir, das fühlt sich ausgezeichnet an.

# 5. Danksagung

Für dieses Buchprojekt bin ich sehr DANKBAR!!!

Auch wenn es kein sehr umfangreiches Buch ist, letztendlich hat es genauso so viel Mühe, Zeit und Geduld benötigt wie die beiden ersten Bücher „Erfolg hat wer Regeln bricht" & „Erfolg hat wer mit Liebe führt".

Das Buchprojekt „Umdenkfabrik" umzusetzen braucht am Ende Jahre und gelingt nur dann wenn tiefe Überzeugung und Begeisterung für Ideenkulturen vorhanden ist.

So ein Buch entsteht nicht einfach so. Das geschriebene muss erst einmal geschrieben, gelesen, korrigiert, verbessert, wieder korrigiert, gesetzt, gedruckt und veröffentlicht werden.

Vielen Dank an den Redakteur und Autor Christian Sälzer von der Agentur Schwarzburg GbR aus Frankfurt, der sich voll ins Zeug gelegt hat, sich vor Ort im FischerDorf von der Echtheit der Umdenkfabrik überzeugt hat und diesem Projekt eine lesbare Schreibstimme gegeben hat.

Es war uns wichtig, bei der Auswahl des Buchverlages, wie die „Umdenkfabrik" selbst, es einfach, unkompliziert, unbürokratisch und mit viel Sympathie umgesetzt werden. Der beste Partner den wir gefunden haben war der Buchverlag „tredition" aus Hamburg. Die Autorenbetreuung mit Mirko Esquivel und Christina Reichelt war immer kompetent , schnell und sehr flexibel.

Vielen Dank an unserer Grafiker Ralf Danndorf & die maßgeblich an der Gestaltung von Buchcover und Grafiken beteiligt waren.

Ich möchte mich letztendlich bei meinem gesamten Team bedanken, die sich mit mir vor mehr als 20 Jahren auf die Reise der Ideenfindung und der Veränderung von Denkweisen in unserem Unternehmen begeben haben.

Mit Mut und Vertrauen und dem unbändigem Willen nicht stehen zu bleiben sind mit der „Umdenkfabrik" Dinge geschehen, die in keinem Businessplan vorhersehbar waren.

Das Geheimnis ist „LOSLASSEN" und als Unternehmer/Chef sich selbst nicht so wichtig zu nehmen.

Ich wünsche Allen Lesern viel Erfolg bei der Umsetzung der eigenen Ideenkultur.

Sollten Sie noch Fragen, Anregungen oder Ideen zur Umdenkfabrik haben, schreiben Sie mir per E-Mail an: mike@fischer-academy.de

Herzliche Grüße aus dem FischerDorf

Ihr Mike Fischer

# Anhang I

## 6. Steckbriefe unserer Mitarbeiterideen

# Steckbrief

## Idee: Fahrschulinternat

**So war es bisher:**
Der demographische Wandel - die niedrige Geburtenrate führte ab dem Zeitraum 2008-2010 zu einem Kundenverlust von mehr als 50%. Die Auswirkung auf unseren Betrieb ist von existenziellen Bedeutungen. Wir sind von einem regionalen Kundenmarkt voll abhängig. Kein Wachstum möglich.

**Mein Vorschlag ist:**
Vom regionalen Dienstleistungsanbieter zum nationalen Dienstleistungsanbieter transformieren. Fahrschüler aus ganz Deutschland nach Gera holen und Führerscheinausbildung in einem Fahrschulinternat anbieten.

**Was bringt uns das?**
Unabhängigkeit - keine Arbeitsplatzverluste - Unser Kundenpotenzial steigt von 550 Führerscheinbewerber (Führerscheinausbildungen pro Jahr in Gera) auf ca. 800.000 (Führerscheinbewerber pro Jahr in Deutschland), Umsatzsteigerung

**Wie kann der Vorschlag umgesetzt werden?**
Wir kaufen mehrere Gebäude für ein Internat, Restaurant, Verwaltung, Schulungszentrum, entwickeln eine kompakte, intensive Führerscheinausbildung nach der gesetzlich geforderten Fahrschüler-Ausbildungs-Ordnung. Krad 5 Tage - PKW 7 Tage - LKW 10 Tage

**Mit wem wird die Idee umgesetzt?**
Transformation des gesamten Teams

**Was kostet die Idee?**
Baukostenvoranfrage ca. 1 Mio Euro

**Ergänzung zur Idee**
Diese Idee braucht natürlich einen langen Umsetzungszeitraum und viel Qualifizierung im Team. Es entstanden vollkommen neue Berufsbilder z.B. aus Hotellerie und Gastronomie. Gera hat ca. 600 Geburten pro Jahr. Wir bilden, Stand 2019, jedes Jahr ca. 1.000 Fahrschüler aus. Der Umsatz hat sich ca. verdreifacht.

# Steckbrief

## Idee: Toilette Pizza

**So war es bisher:**
Die Damen-Toilette der Pizzeria ist praktisch aber nicht schön.
Eine Mama wollte auf der Toilette Ihr Baby wickeln, hatte aber dafür keine Möglichkeit.

**Mein Vorschlag ist:**
Wir gestalten die Damen -Toilette um. Pflanzen, gerollte Handtücher, Hygieneartikel wie Haarspray, Deospray, Windeln, Babycreme, Feuchttücher, Einbau eines neuen Waschtisches und Einbau Babywickeltisch

**Was bringt uns das?**
"Zeige mir Deine Toilette und ich weiß wie bei Dir gekocht wird".
Eine Toilette die unsere Kundinnen und Mamas begeistern.

**Wie kann der Vorschlag umgesetzt werden?**
Als erstes besprechen wir das mit Micha unserem Techniker und fertigen eine kleine Zeichnung an.
Wir kaufen die Utensilien und gestalten mit unserem Hausmeister die Damen-Toiletten um.
Die Gewerke "Sanitär" besprechen wir mit Danio.

**Mit wem wird die Idee umgesetzt?**
Micha, Margit, Corinna

**Was kostet die Idee?**
Waschtisch ca. 800,00 Euro,
Utensilien ca. 40,00 Euro,
Babywickeltisch ca. 250,00 Euro
(siehe Kostenangebot).

**Ergänzung zur Idee**
Diese Idee stammt aus dem Jahr 2005. Damals waren gerollte Handtücher, heute Standard, noch etwas Besonderes. Insbesondere in einem einfachen Pizzalieferdienstgeschäft.

# Steckbrief

## Idee: Brett für kleine Fahrschüler

**So war es bisher:**
Kleine Fahrschüler haben das Problem, die Fußfersen beim Kuppeln/Anfahren auf der Fußmatte abzustellen. Diese Fahrschüler fahren, weil der Fuß keinen Halt hat, sehr unsicher.

**Mein Vorschlag ist:**
Ich schneide eine Holzplatte (ca. 4 cm dick) für die Fahrerseite aus und lege diese unter die Fußmatte.

**Was bringt uns das?**
Fahrschüler können nun beim Schalten, Anfahren die Ferse auf der Fußmatte abstellen.

**Wie kann der Vorschlag umgesetzt werden?**
Ich schneide die Holzplatte aus. Das mache ich gleich 5x, falls ein Kollege genau die gleichen Probleme mit seinen "kleinen Fahrschülern" hat.

**Mit wem wird die Idee umgesetzt?**
Gert

**Was kostet die Idee?**
Nichts, habe die Bretter noch in meinem Keller.

**Ergänzung zur Idee**
Diese Idee wurde bereits 2003 eingebracht und hat bis heute Bestand.
In allen Fahrschulfahrzeugen wird so eine "künstliche Anhebung des KFZ-Fußraumes" bei kleinen Fahrschülern eingesetzt.

# Idee: Blumen

**So war es bisher:**
Jeden Montag holen wir für ca. 30,00 Euro im Blumenladen neue frische Blumen.

**Mein Vorschlag ist:**
Ich bringe jeden Montag – in der Saison – aus meinem schönen Garten frische Blumen für das Büro mit.

**Was bringt uns das?**
Wir sparen monatlich 160,00 Euro.

**Wie kann der Vorschlag umgesetzt werden?**
Ich pflücke die Blumen und bringe diese immer Montag mit.

**Mit wem wird die Idee umgesetzt?**
Janine

**Was kostet die Idee?**
Nichts

## Idee: Elektromobilität

**So war es bisher:**
Abgasbelastete Innenstädte, überhöhte Feinstaubwerte, verstopfte Straßen – zu viel ist zu viel: Die Fischer Academy aus Gera will den Ausstoß des klimaschädlichen Kohlendioxids ($CO_2$) um bis zu 40 Prozent bei ihren Fahrtrainings reduzieren. Unter dem Titel "Green Drive – Umwelt hat bei Fischer Vorfahrt" startet das Fahrschulunternehmen ein bundesweit einmaliges und wegweisendes Ausbildungsprojekt für ein besseres Klima. Unterstützt durch den Einsatz von Fahrsimulatoren mit realitätsnahen Trainingsfahrten, Blended Learning-Angeboten und dem E-Learning-Portal www.fahrschulfernsehen.de sollen über ein Drittel der Fahrstunden im Straßenverkehr ersetzt und damit über 46.000 Kilogramm des für die globale Erwärmung verantwortlichen Klimakillers $CO_2$ jährlich vermieden werden. Hintergrund: Auf 100 Kilometern Ausbildungsstrecke im Stadtverkehr produziert ein Diesel-Fahrschulfahrzeug der Fischer Academy ungefähr 20 Kilogramm $CO_2$.

**Mein Vorschlag ist:**
Einsatz einer modularen Fahrausbildung auf E-Fahrzeugen kombiniert mit Fahrsimulator und Fahrschulfahrzeuge mit Schaltgetriebe. 80 – 20 Methode.

**Was bringt uns das?**
Unterstützt durch den Einsatz von Fahrsimulator-Software, Blended Learning und dem E-Learning-Portal www.fahrschulfernsehen.de kann die praktische PKW-Fahrschulausbildung bei der Fischer Academy um ca. 30 bis 40 Prozent verkürzt werden. Die neue prüfungsvorbereitende Fahrtraining-Methode bietet viele verschiedene Vorteile, insbesondere für die Umwelt, für Fahrschüler und für Fahrschulen:
- Kostenersparnis für Fahrschüler um bis zu 20 Prozent
- Schwierige Fahrsituationen (City-, Nacht- und Autobahnfahrten) können in unterschiedlichen Modulen stressfrei und gefahrlos am Simulator geübt und später fahrpraktisch "live" gefestigt werden
- Fahrschüler steigen topvorbereitet, ohne Angst und mit einem guten Gefühl ins Auto und in den Straßenverkehr ein
- weniger CO2-Emmissionen, Abgas- und Feinstaubbelastungen
- Verkürzung der Wartezeiten für praktische PKW-Fahrausbildungen
- Kompensation des Fachkräftemangels bei Fahrlehrerinnen und Fahrlehrer

**Wie kann der Vorschlag umgesetzt werden?**
Konzept wird bei der nächsten Dorfbrunch vorgestellt.

**Mit wem wird die Idee umgesetzt?**
Team, Fahrlehrer

**Was kostet die Idee?**
Da alle Komponeten bereits vorhanden sind, nichts.

## Idee: Eisschokolade

**So war es bisher:**
In den Sommermonaten ist es oft sehr heiss in den Schulungsräumen.

**Mein Vorschlag ist:**
Einmal die Woche bereite ich für alle Fahrschüler eine Eisschokolade.

**Was bringt uns das?**
Etwas Abkühlung bei heißen Tagen und die Fahrschüler lieben es.

**Wie kann der Vorschlag umgesetzt werden?**
Ich kaufe die Zutaten: Zucker, Kaba, Kakao, Milch, Sahne – zusätzlich Eiswürfel.
Die Eiswürfel in den Termomix geben. Dazu Kaba, Kakao, Zucker – 10 sec Stufe 8 zerkleinern, dann Milch, Sahne hinzugeben – Stufe 8 ca. 20 sec. – fertig

**Mit wem wird die Idee umgesetzt?**
Jaqueline

**Was kostet die Idee?**
Für 20 Fahrschüler ca. 15 Euro Wareneinsatz

## Idee: Verkehrstisch

**So war es bisher:**
Das gab es bisher noch nicht. Wir haben uns Gedanken gemacht, wie wir "spielerisch" durch Selbstmotivation die Fahrschüler zum Handeln bringen.

**Mein Vorschlag ist:**
Basti & Nancy gestalten einen Verkehrstisch (beidseitig), um spielerisch alle Vorfahrt/Kreisverkehr-Situationen erklären zu können.

**Was bringt uns das?**
Die Fahrschüler lernen interaktiv, einfacher und schneller die Vorfahrtsregeln.
Der Verkehrstisch eignet sich auch zum Verkauf an andere Fahrschulen.

**Wie kann der Vorschlag umgesetzt werden?**
Die Tischplatte lassen wir von unserem Grafiker & Bastler Ralf Danndorf erstellen.

**Mit wem wird die Idee umgesetzt?**
Nancy, Basti, Ralf

**Was kostet die Idee?**
ca. 100,00 Euro

**Steckbrief**

## Idee: Dorfbrunch – Gemeinsam kochen

**So war es bisher:**
Meeting/Beratung sind bei uns bereits effektiv geregelt. Unnötige Beratungen finden nicht mehr statt. Soweit so gut ??

**Mein Vorschlag ist:**
In einer Art Dorfbrunch aller 14 Tage kochen wir als Team gemeinsam werten wir die letzten 14 Tage aus und beraten die nächsten 14 Tage. Einige Teammitglieder haben sich diese Art der Beratung, auch als Wochenausklang gewünscht.

**Was bringt uns das?**
Gemeinsam Kochen & Lernen leben wir im FischerDorf als Motto. Mit unseren Fahrschülern gelingt dieses Prinzip des Lernens und der Weiterbildung sehr gut. Was für die Kunden gut ist kann für die Weiterentwicklung des Teams nicht schlecht sein.

**Wie kann der Vorschlag umgesetzt werden?**
Das Team legt aller 14 Tage fest, was gemeinsam gekocht wird. Entsprechende Zutaten werden im wöchentlichen Einkauf besorgt. Marco unser "Kochexperte" überwacht die Qualität der Zubereitung. Immer Freitag nach Abreise der Kompaktschüler findet das gemeinsame "Kochmeeting" um 13.00 Uhr statt.

**Mit wem wird die Idee umgesetzt?**
Fischer Academy Team

**Was kostet die Idee?**
ca. 5,00 Euro pro Gericht

## Idee: Fahrsimulator

**So war es bisher:**
Diese Idee gab es bisher nicht

**Mein Vorschlag ist:**
Unser Chef hat letztens erzählt, dass bereits zu DDR-Zeiten Fahrsimulatoren in der Fahrausbildung eingesetzt wurden. Sozusagen Fahrsimulator 0.0 ?? Wir sind der Frage nachgegangen. Wie kann die Ausbildung auf Fahrsimulatoren 4.0 heute aussehen, wie kann der Kunde den Fahrsimulator unbürokratisch nutzen und Fahrtermine einfach bestellen/buchen?

**Was bringt uns das?**
Wir können mit Fahrsimulatoren ca. 4 Fahrstunden pro Fahrschüler einsparen. Erste Fahrfertigkeiten können die Schüler in 9 Modulen (Anfahren, Stadtfahrt, Autobahn, Überland- und Nachtfahrt) erlernen.

**Wie kann der Vorschlag umgesetzt werden?**
Geeigneten Fahrsimulator kaufen, Website entsprechend anpassen. Entscheidend ist die unbürokratische einfache Handhabung der Buchung und Nutzung (Personalfrei).

**Mit wem wird die Idee umgesetzt?**
Christian, Johan, Nancy, Mike, Nextmotion

**Was kostet die Idee?**
ca. 25.000,00 Euro

## Idee: YouTube Kanal

**So war es bisher:**
Seit Jahren wollten wir an dem Aufbau eines YouTube-Kanals der Fischer Academy arbeiten. Leider bisher ohne Erfolg. Stand 19.02.2017 = 110 Follower !!!

**Mein Vorschlag ist:**
Die Influencer, welche in unserem Fahrschulinternat, ihre Ausbildung zum Führerschein ablegen, dokumentieren auf ihren YT Kanal die 7 Tage Ausbildung. Zukünftig drehen wir eigene Videofilme mit den Influencern und bieten zusätzliche Videofilme rund um die Führerscheinausbildung unserer Zielgruppe an.

**Was bringt uns das?**
Sichtbarkeit, Reputation werden erhöht. Damit ist es möglich, die Google Kosten in Höhe von ca. 6,00 Euro monatlich zu reduzieren.

**Wie kann der Vorschlag umgesetzt werden?**
GoPro Kamera kaufen, Drehbuch schreiben, Design YouTube Kanal anpassen.

**Mit wem wird die Idee umgesetzt?**
Nancy

**Was kostet die Idee?**
ca. 1.000,00 Euro Kameratechnik

## Steckbrief

## Idee: Wohlfühloase

**So war es bisher:**
Uns fehlt ein "Grünes Klassenzimmer".

**Mein Vorschlag ist:**
Wir gestalten im Außenbereich des FischerDorfes ein grünes Klassenzimmer, kann auch als Wohlfühloase oder Entspannungsecke von Kunden, Dienstleistern und Mitarbeitern genutzt werden.

**Was bringt uns das?**
Besonders in den Sommermonaten ist es für die Schüler angenehmer, Unterricht im Freien zu erleben. Entsprechende Medien-Technik kann auf einem Rollwagen unabhängig platziert werden. Zusätzlich kann zum Lernen in der Außengrillküche gekocht, gelernt, gegessen werden.

**Wie kann der Vorschlag umgesetzt werden?**
Teil des Dorfplatzes wird als "Wohlfühloase" bzw. "Grünes Klassenzimmer" umgebaut. Die Zuarbeit des Architekten ist notwendig für die Pergola. Außenmobiliar mit Corinna abstimmen. Technikumbau mit Firma EP Dietzsch.

**Mit wem wird die Idee umgesetzt?**
Corinna, Micha, Jaqueline, Architekt Heiko Wendrich,
Firma EP Dietzsch

**Was kostet die Idee?**
ca. 30.000,00 Euro

# Idee: Wunschbaum

### So war es bisher:
Das gab es bisher nicht. Das Umweltamt hat uns beauflagt, durch den Abriss und Baumfällarbeiten im Grundstück Flanzstraße 8, einen neuen Baum anderswo zu pflanzen.

### Mein Vorschlag ist:
Wir errichten einen "Wunschbaum". Diesen Wunschbaum platzieren wir am Eingang des FischerDorfes. Jeder kann auf vorgefertigten Kärtchen seinen Wunsch aufschreiben und an den Wunschbaum hängen. Mit viel Glück geht der Wunsch in Erfüllung ??

### Was bringt uns das?
Das Wünschen ist ein kaum wegzudenkender Teil unserer persönlichen Entwicklung. Wir wünschen uns selber oder für andere, dass sich die Dinge in einer bestimmten Richtung entwickeln, dass die herbeigesehnten Ereignisse eintreten mögen oder wir von negativen Entwicklungen verschont bleiben. Jeder kann seine Gedanken und Motive an diesem Wunschbaum frei entfalten. Es entsteht wieder mehr Sichtbarkeit und viel "Herz".

### Wie kann der Vorschlag umgesetzt werden?
Wir kaufen einen Baum bei Fiedlers Garten & Hobbyland

### Mit wem wird die Idee umgesetzt?
Hausi, Ralf, Micha

### Was kostet die Idee?
Baum ca. 90,00 Euro
Gestaltung Wunschzettel + Plakat 200,00 Euro

## Idee: Meilensteine zum Führerschein

**So war es bisher:**
Bei einer Weiterbildung mit Nils Hartig von 33Fortbildung haben wir über das Thema "Meilensteine" während der Führerscheinausbildung gesprochen. Dem Fahrschüler ist es wichtig auf dem Weg zur praktischen Prüfung verschiedene Meilensteine abzulegen, um somit gewisse Erfolgserlebnisse zu haben.

**Mein Vorschlag ist:**
Meilenstein 1 = Theoretische Ausbildung beendet = Band "NEWCOMER"
Meilenstein 2 = Theorieprüfung bestanden = Band "THEorieHERO"
Meilenstein 3 = Erste Sonderfahrt absolviert = Band "Specialdriver"
Meilenstein 4 = Führerschein bestanden = Band "INDEPENDENT"

**Was bringt uns das?**
Das was wir machen ist kein Unterricht so wie der Fahrschüler es aus der Schule gelernt hat, sondern die Führerscheinausbildung ist eine "Entdeckungsreise" für Erwachsene, die über sich hinauswachsen.

**Wie kann der Vorschlag umgesetzt werden?**
Meilenstein-Bänder gestalten und herstellen lassen. Einsatz im Drehplan sowie Einbindung in den Führerscheinablauf.

**Mit wem wird die Idee umgesetzt?**
gesamtes Team

**Was kostet die Idee?**
100,00 Euro

## Idee: Kinderführerschein

**So war es bisher:**
Wir haben bereits Kundenkontakt durch die Jugendweihe und die Übergabe der FahrschulGutscheine. Für mehr Sichtbarkeit und Aufmerksamkeit, bereits in der Grundschule, schlagen wir vor, kostenfreien Verkehrsunterricht in den Kindergärten und Grundschulen der Stadt Gera anzubieten.

**Mein Vorschlag ist:**
Erarbeitung eines Konzeptes, das immer wieder bei Verkehrsschulungen der Kinder angewandt werden kann.

**Was bringt uns das?**
Verkehrsunterricht bereits im Kindergartenalter und der Grundschule wird in unserer Gesellschaft aus Kostengründen vernachlässigt. Mehr Sichtbarkeit und Erhöhung der Reputation für die Fischer Academy GmbH

**Wie kann der Vorschlag umgesetzt werden?**
Wir erstellen das Konzept, ggf. Verkehrspolizei einbinden, kaufen entsprechende Gerätschaften, Verkehrspylonen, Bobbycars, Verkehrzeichen. Gestaltung eines Kinderführerscheines.

**Mit wem wird die Idee umgesetzt?**
gesamtes Team

**Was kostet die Idee?**
500,00 Euro + 3 Std. Arbeitszeit pro Veranstaltung

## Idee: TESLA

### So war es bisher:
Unser TESLA war schon immer als FahrschulFahrzeug ein "Hingucker". Dennoch fehlt die optische EndPOWER.

### Mein Vorschlag ist:
Einen Fahrzeug-TESLA-Gestaltungs-Wettbewerb im Internet ausschreiben.

### Was bringt uns das?
Der Fahrschul-TESLA Model S bekommt mehr Aufmerksamkeit und sieht geiler aus. Damit erhöhen wir die Begehrlichkeit, dass Fahrschüler/innen auf diesem Fahrzeug die Ausbildung absolvieren wollen.

### Wie kann der Vorschlag umgesetzt werden?
Gestaltungsentwurf über die Internetseite www.99Design.com ausschreiben.

### Mit wem wird die Idee umgesetzt?
Nancy, Folientechnik M. Nielebock

### Was kostet die Idee?
500,00 Euro für den Gewinner

# Anhang II

## 7. Der Werkzeugkasten für Ihre Umdenkfabrik

# Der Werkzeugkasten für Ihre Umdenkfabrik

Die Umdenkfabrik ist eine Geisteshaltung, die durch eine internetbasierte Innovationsplattform mit dem Ziel unabhängig von Raum und Zeit, Veränderungsprozesse in allen Bereichen des Unternehmens zu fördern und umzusetzen, eingesetzt wird.

Jeder Beteiligte (Mitarbeiter, Kunden, Lieferanten) hat seinen eigenen Onlinezugang und kann am Veränderungsprozess des Unternehmens teilnehmen. Die Umdenkfabrik ist unbürokratisch, schnell und einfach zu handhaben.

Entwickelt werden neue Konzepte, andere Prozessabläufe, bessere Produkte und Dienstleistungen, andere Denkweisen zur Kostensenkung sowie neue Ideen für die Kundenbeziehung im Unternehmen.

*Die Umdenkfabrik ist geeignet für alle Endgeräte.*

# Der Umdenkfabrik-Werkzeugkasten

# Ideentisch

Sie haben eine eigene lebhafte Ideenkultur im Internet.

Ideenkultur-Online ist die beste Präventivmedizin gegen die gefährliche Unternehmenskrankheit „Betriebsblindheit" für mehr Kundennutzen, Servicequalität, Kostensenkung und Arbeitsplatzverbesserung.

 *Eine gute Idee ist selbst kalkuliert, organisiert und auch selbst umgesetzt.*

# Der Umdenkfabrik-Werkzeugkasten

## Stimmungsbarometertool

Wie ist die Stimmung im Unternehmen? Ein Unternehmen kann sich selbst nur gegen mögliche Gefahren schützen, wenn es sich seiner eigenen Schwachstellen bewusst ist.

Mitarbeiter beurteilen anonym per Klick alle Facetten des Unternehmens (Arbeitsatmosphäre, Chef, Mitarbeiter, Karriere und Weiterbildung, Gehalt und Sozialleistungen, Arbeitsbedingungen, Bewusstsein für Umwelt/Soziales, Image des Unternehmens u. v. m.)

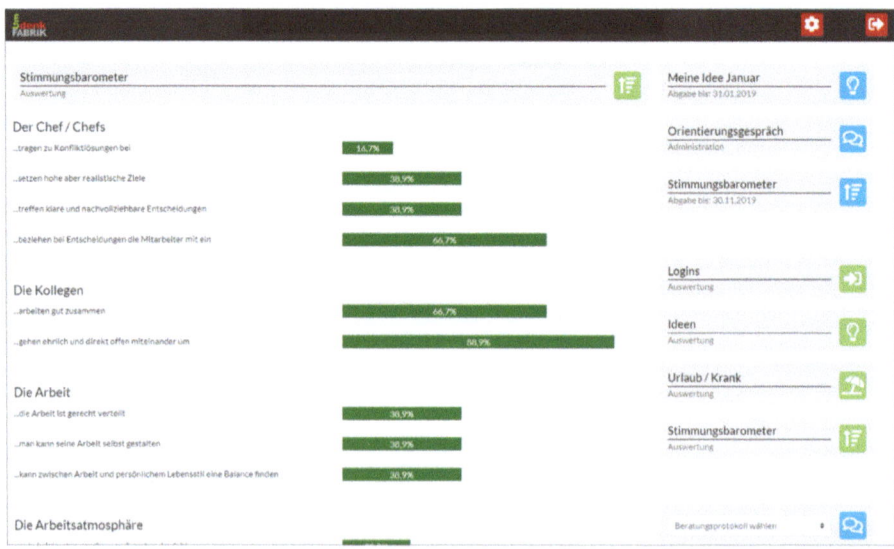

 **TIPP:** *Die Fragen zum Stimmungsbarometer können individuell angepasst werden.*

# Der Umdenkfabrik-Werkzeugkasten

## Protokolltool

Was wurde in der letzten Beratung besprochen?
Gesprächsprotokolle können downgeloadet werden.
Mehr Informationsfluss im Unternehmen wird dadurch gewährleistet.

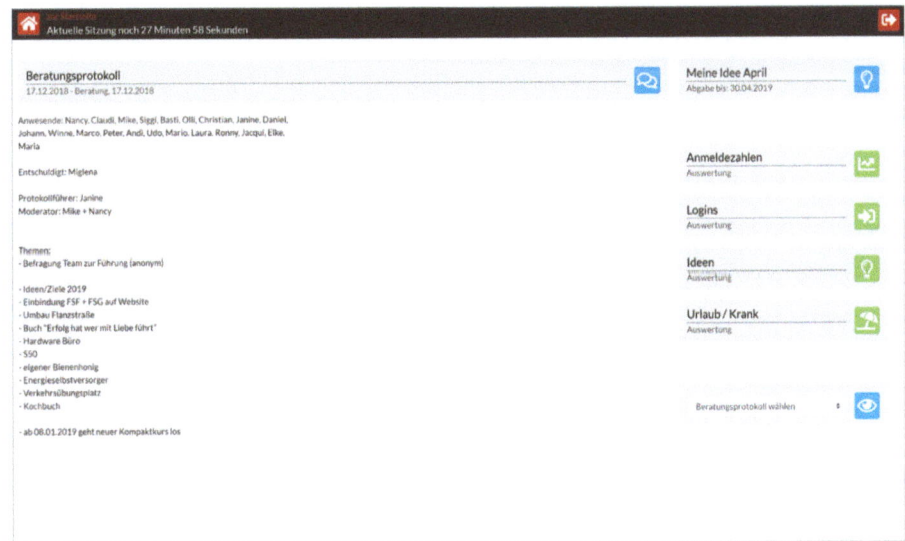

 *Urlauber und krankheitsbedingte Mitarbeiter bleiben unabhängig von Raum und Zeit immer auf dem Laufenden.*

# Der Umdenkfabrik-Werkzeugkasten

# Statistiktool

Schneller Überblick mit den statistischen Auswertungen.

Wer hat wie viel Urlaub, wer hat wie viele Kranktage, Login Zähler zeigt ,wer wie oft online war. Wie viele Ideen Mitarbeiter/Team wurden eingegeben/umgesetzt/abgelehnt. Wie hoch ist der Erfolgsindex sowie das Stimmungsbarometer als Grafik.

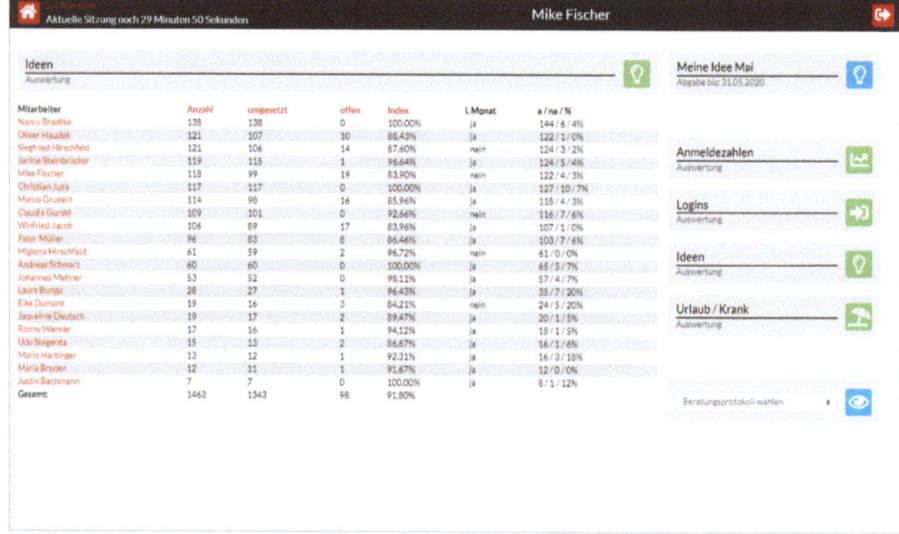

 **TIPP:** *Achten Sie auf die Qualität der Umsetzung der Ideen. Der Erfolgsindex aller Ideen sollte mindestens 75% betragen.*

# Der Umdenkfabrik-Werkzeugkasten

# Personalentwicklungstool

Grundlage der Gespräche ist Wertschätzung der Mitarbeiter für eine gute Kultur des Miteinanders. Vor dem Gespräch beurteilt der Mitarbeiter sich selbst (einfach durch Anklicken). Die Führungskraft beurteilt den Mitarbeiter (einfach durch Anklicken) und benennt den Termin für das Orientierungsgespräch.

Inhalte dieses Gespräches sind, Rückblick mit beidseitiger kritischer Analyse, Entwicklungspotenziale, Ziele, Maßnahmen und der Termin der nächsten Besprechung.

Das Gesprächsprotokoll kann ohne zusätzliche Sekretärin schriftlich festgehalten und sofort abgespeichert werden. Die Gesprächsinhalte können jederzeit von den Beteiligten eingesehen werden.

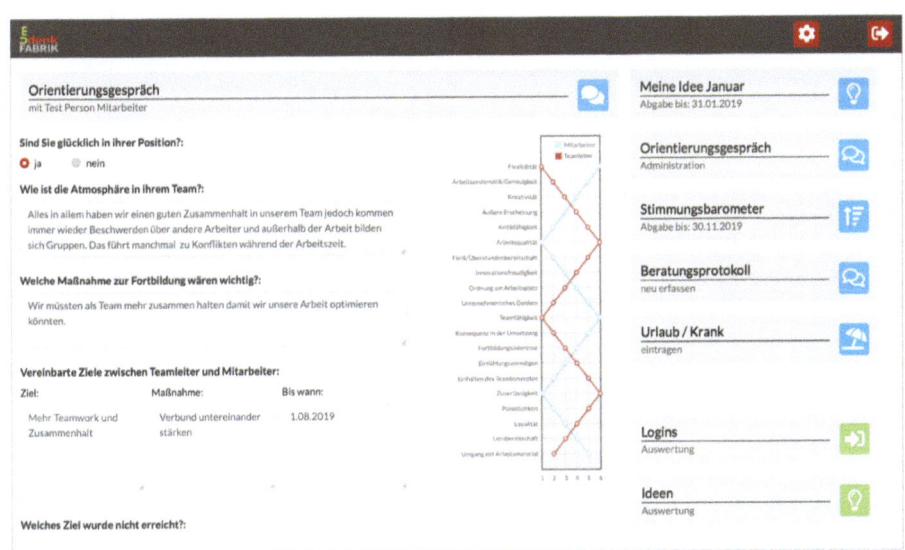

 *Personalentwicklungsgespräche sollten mindestens aller 6 Monate durchgeführt werden.*

Der Umdenkfabrik-Werkzeugkasten

## Das bewirkt die Umdenkfabrik bei Ihren Mitarbeitern:

Mitarbeiter mit einer Dienst-Nach-Vorschrift-Haltung entwickeln eine hohe emotionale Bindung an das Unternehmen. Es kann auch dazu führen, dass Mitarbeiter, welche bereits innerliche Kündigungen haben, das Unternehmen verlassen. Ihre Mitarbeiter fühlen sich wertgeschätzt, Talente werden frühzeitig erkannt und können entsprechend gefördert werden. Das Mitarbeiter-Engagement im Unternehmen erhöht sich erheblich.

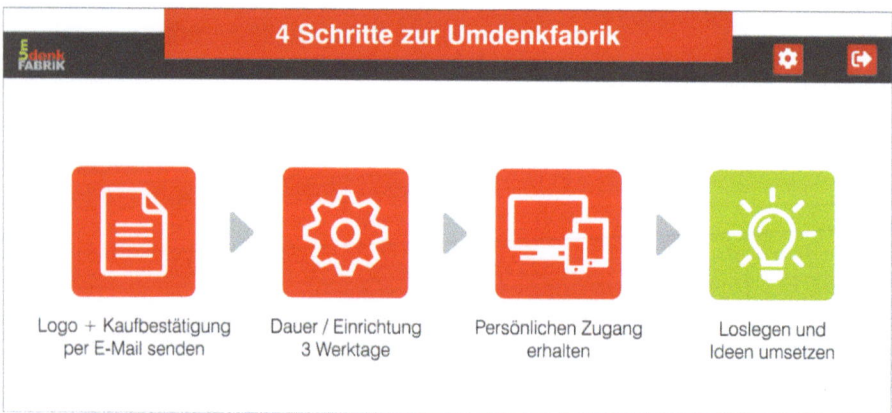

# Bücher/Hörbücher/Videoseminar
Empfehlungen

## Erfolg hat, wer Regeln bricht
Wie Querdenken zu Spitzenleistung führt

**Buch**
Gebundene Ausgabe: 208 Seiten
Verlag: Linde
Auflage: 1. Auflage 2014 (25. Februar 2014)
Sprache: Deutsch
ISBN-10: 978-3709305508

**Hörbuch**
Autor: Mike Fischer
Sprecher: Thomas Birnstiel
Spieldauer: 4 Std. und 9 Min.
Ungekürztes Hörbuch
Erscheinungsdatum: 07.09.2017
Sprache: Deutsch
Anbieter: ABOD Verlag

## Erfolg hat, wer mit Liebe führt
Vom Egoismus zum WIR

**Buch**
Gebundene Ausgabe: 235 Seiten
Verlag: Campus
Auflage: 1. Auflage (18. September 2019)
Sprache: Deutsch
ISBN-13: 978-3593511016

## Unternehmer Kompass
Mike Fischer & Calvin Hollywood

**Videoseminar**
Gebundene Ausgabe: 235 Seiten
Verlag: Campus
Auflage: 1. Auflage (18. September 2019)
Sprache: Deutsch
ISBN-13: 978-3593511016